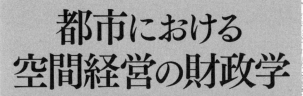

都市における空間経営の財政学

コンパクトシティがもたらす
持続可能な自治体運営

赤井伸郎・沓澤隆司・竹本 亨 著

有斐閣

はじめに——コンパクトな都市と財政

1. 財政の持続可能性と都市の空間経営

　2023年4月に公表された「日本の将来推計人口」[1]によれば,「令和2（2020）年国勢調査」による1億2615万人が2070年には8700万人に減少（2020年時点の69.0%に減少）し，総人口に占める65歳以上人口の割合（高齢化率）は，2020年の28.6%から2070年には38.7%へと上昇するとされている。日本全国で，地域を支える人材が不足することで経済活動は縮小し，その結果として行政サービスを支える税収も減少することになる。一方で，公共サービスには固定費が多く，その費用の減少は限定的とならざるをえない。これらのことは，財政の持続可能性を悪化させることになるだろう。

　基礎自治体のサービスには，人口規模が大きいほど，1人当たりの公共サービス提供コストが低下するという効果〈規模の経済性〉を持つサービスに加え，居住エリアが小さいほど公共サービスの供給エリアが小さくなり，その提供コストが抑えられるという効果〈密度の経済性[2]〉を持つサービスが存在する。後者の例には，道路面積に応じて決まる道路の新設・改良や維持補修といったインフラ・サービスや，消防やごみ収集などのように受益者の所まで出向いて提供するサービスがある。このようなサービスにおいては，居住者の分布もコストを左右する重要な要素となる。

　そのため，人口減少による地方部の過疎化は，単に人口減少による規模の不経済性（規模の縮小による1人当たり行政サービス・コストの増加）だけではなく，密度の不経済性（空間を通じた1人当たり行政サービス・コストの増加）をも生み出す。

　それでは，人口減少や地方部の過疎化が今後ますます深刻化すると予想される中，地域の行政サービスや社会インフラを維持・更新していくために，規模の不経済性および密度の不経済性の問題を生じさせない方法はないだろうか。人口減少下でも，人口の規模や密度を維持することができれば，規模の不経済性や密度の不経済性による1人当たり行政サービス・コストの増加を緩和することができる。そこで，規模や密度を維持するための方策として本書で着目す

る政策が，都市のコンパクト化である。

ここで「都市のコンパクト化」（コンパクトシティの実現）とはどういう状況を指すのであろうか。OECD（2012）*Compact Cities Policies: A Comparative Assessment* によれば，コンパクトシティを「人口密度が高く（dense），近接性が高く（proximate），容易に職場や地域の公共サービスに移動できる地方の都市開発の形態」と位置づけている[3]。このように定義されたコンパクトシティは，（行政サービスを提供するエリアの）人口の規模や密度が高い状態を実現できる。そのため，都市のコンパクト化は，都市の効率的な空間経営（行政サービスの効率的提供）を通じて，財政の持続可能性を高めることができるのである。

このようなストーリーが考えられる一方で，このストーリーが実際に正しいのかどうかについて，実証的に明らかにすることには学術的価値がある。本書は，この問題意識で行った分析をまとめたものである。

具体的には，以下の問題意識を持って，分析を行っている。
1. コンパクト化は今後の財政運営に，どのようなルートでどのような効果を持つのか。
2. 効果を持つとすれば，その源泉となるコンパクト化自体は，どのようにすれば実現できるのか。

まず，コンパクト化の効果について分析することは，コンパクト化政策の評価をする上できわめて重要である。また，コンパクト化の要因について分析することは，コンパクト化の実現性を評価する上できわめて重要である。これらにより，学術的価値も高いと思われる。

2. 本書の狙い

本書は，「都市のコンパクト化は，都市の効率的な空間経営を通じて，財政の持続可能性を高める」という大きな問題意識に基づき，4つの視角で，そのメカニズムを実証的に明らかにするものである。

その視角とは，以下の4つである。

第1部　コンパクト化が財政に与える影響

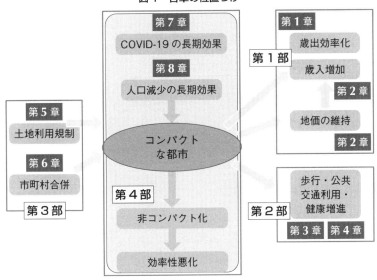

図1 各章の位置づけ

第2部 コンパクト化が住民に与える影響
第3部 コンパクト化の差異を生み出す要因
第4部 コンパクト化と自然リスク・人口減少

具体的には，第1部では，都市のコンパクト化が財政へ与える影響，すなわち，コンパクトな都市が歳出効率化および歳入増加を生み出すメカニズムを明らかにする。歳入増加の背景には，地域の魅力としての地価が関わっていることも明らかにする。第2部では，住民の視点で，コンパクトな都市が歩行や公共交通の利用，健康増進を促すメカニズムを明らかにする。第3部では，コンパクトな都市と，コンパクトではない都市との差が生まれる要因として，これまでの行政の取り組みとしての土地利用規制および市町村合併に着目し，そのメカニズムを明らかにする。第4部では，これまでとは異なる視点で，自然な外部要因に着目する。具体的には，新型コロナウイルス感染症のような自然リスクや少子化による人口減少が，都市の非コンパクト化（上記で述べたコンパクト指標が拡大すること）を通じて生み出す財政悪化の影響と，コンパクトな都市を維持する政策による財政改善効果を明らかにする。

以下では，具体的に，序章と終章以外の各章の狙いを紹介する。

第1部「コンパクト化が財政に与える影響」は，第1章「自治体の歳出への影響——コンパクト化は財政支出を減らすのか？」および第2章「自治体の歳入への影響——コンパクト化は固定資産税収（地価）を増やすのか？」から構成されている。まず，本書のはじめとして，都市のコンパクト化が財政（歳出・歳入）に与える影響の全体像をつかむことが狙いである。

第1章では，歳出への影響を把握する。
「コンパクトシティ」（都市のコンパクト度が高い自治体）では，サービスの供給エリアが小さいため，同じ人口であっても効率的に公共サービスを提供できている可能性がある。すなわち，コンパクト化は自治体の1人当たり歳出を低下させると考えられる。

そこで，本章では，序章で示されるNSD（基準化された標準距離）を都市のコンパクト度を示す指標として用いて，都市のコンパクト化が基礎自治体の歳出に与える影響を分析する。

分析の結果，都市のコンパクト度に対して，1人当たり歳出総額は有意にU字型の効果を持つことが示され，1人当たり歳出総額が最小となるNSDが存在することが示された。つまり，財政的に適度なコンパクト度が存在することが明らかとなった。また，その最小となるNSDよりもコンパクトでない市町村は全体の85％もあり，それらの市町村ではコンパクト化によって歳出を抑制できる可能性がある。さらに，目的別歳出の衛生費と土木費，消防費，教育費，その細目の小学校費と中学校費の合計額についても同様の結果となった。

したがって，本章の分析は，都市のコンパクト化が自治体歳出，とくに目的別歳出の衛生費や土木費，消防費，教育費を低下させることを示唆している。

第2章では，歳入への影響を把握する。
コンパクトシティでは，住民の利便性の増大や経済活動の活発化を通じて地価の上昇がもたらされ，コンパクト度の低い自治体より固定資産税収が多くなっている可能性がある。すなわち，コンパクト化は自治体の1人当たり歳入を増加させると考えられる。

そこで，本章では，序章で示されるNSDを，都市のコンパクト度を示す指標として用いて，都市のコンパクト化が基礎自治体の歳入に与える影響を分析する。さらに固定資産税の背後にある地価の変化をミクロの視点から捉え，コンパクト化の影響と，その大きさに違いがあるかを，NSDや住宅地と商業地の用途別，都市の中心からの距離別に分析する。

分析の結果，①都市のコンパクト度が高い自治体ほど市街地面積当たり固定資産税収は大きいことが示された。すなわち，コンパクト化によって歳入が増加する可能性のあることが明らかとなった。さらに，②コンパクト度が上昇すると地価が上昇することが示された。そして，その際の地価の上昇幅は，③コンパクト度が高い都市ほど大きい，④住宅地よりも商業地の方が大きい，⑤都市の中心点に近接した地域では大きいことが示された。

したがって，第1章の歳出面の分析とあわせて考えれば，都市のコンパクト化による都市の効率的な空間経営を通じて，財政支出の合理化による負担軽減に加え，地価上昇および税収増加により，財政の改善と都市住民の効用増大を両立させるというウィン・ウィンのシナリオが成立することを示唆している。

第2部「コンパクト化が住民に与える影響」は，第3章「住民の移動距離・時間への影響——コンパクト化は歩行・自転車・公共交通の利用を増やすのか？」および第4章「住民の健康への影響——コンパクト化は介護・医療費を減らすのか？」から構成されている。住民の視点で，コンパクトな都市が歩行などの選択および健康増進を促す影響を明らかにすることが狙いである。

第3章では，住民の移動距離・時間への影響を把握する。

コンパクトシティでは，コンパクト度が低い自治体より住民の移動手段として歩行や公共交通が選好されている可能性がある。すなわち，コンパクト化は自治体住民の歩行や公共交通の利用を増やすと考えられる。

そこで，本章では，序章で示されるNSDを，都市のコンパクト度を示す指標として用いて，都市のコンパクト度と住民の移動距離や手段ごとの移動時間との関係を分析する。

分析の結果，都市のコンパクト度が高い自治体ほど，①住民の移動距離は短く，②歩行や自転車，公共交通の移動時間は長く，③自家用車の移動時間は短

いことが明らかとなった。

　したがって，本章の分析は，都市のコンパクト化が自治体住民をより健康的な手段による移動に促す効果を持つことを示唆している。そして，このことは住民の健康状態を改善させることにつながるはずである。

　第4章では，住民の健康増進に着目し，介護・医療費への影響を把握する。
　コンパクトシティでは，都市内での移動距離が短いため，歩行や歩行を伴う公共交通が移動手段に選ばれることが多く，その結果として歩行時間が長く住民の健康に良い影響を与えている可能性がある。
　そこで，本章では，序章で示されるNSDを，都市のコンパクト度を示す指標として用いて，都市のコンパクト度と住民の健康状態の関係を分析する。
　分析の結果，コンパクト度が高い自治体ほど，①要介護認定率は低く，②健康の悪化がより深刻な「要介護度の高いグループごとの認定率」は低く，③国民健康保険における被保険者1人当たり医療費は低いことが明らかとなった。
　したがって，本章の分析は，都市のコンパクト化が健康状態を改善させる効果を通じて，介護や医療といった社会保険にかかる自治体（市町村）の財政支出を抑制する効果を持つことを示唆している。

　第3部「コンパクト化の差異を生み出す要因」は，第5章「土地利用規制の影響——市街化区域の設定でコンパクト化は進むのか？」および第6章「市町村合併の影響——較差の大きな合併でコンパクト化は進むのか？」から構成されている。これまでの行政の取り組みとしての土地利用規制および市町村合併に着目し，それらがコンパクトな都市を実現する要因となっているのかを明らかにすることが狙いである。

　第5章では，コンパクトな都市を実現する要因として土地利用規制の影響を把握する。
　都市拡大の歴史的経緯の中で行われた土地利用規制は，市街地の拡大を抑制した可能性がある。ただし，その規制区域の大きさは自治体によって異なっていた。そのため，市街化が可能な面積を小さく指定した自治体は，そうでない自治体と比べて，コンパクト度の高い都市を実現している可能性がある。すな

わち，厳しい土地利用規制によって都市のコンパクト化が進むと考えられる。

そこで，本章では，序章で示されるNSDを，都市のコンパクト度を示す指標として用いて，土地利用規制と都市のコンパクト度の関係を分析する。

分析の結果，「市街化区域」などの土地利用規制において市街化可能面積を自治体が小さく指定することや，全通勤者に占める自家用車利用者の割合が低いことが，都市のコンパクト度に有意に正の効果を持つことが示された。すなわち，土地利用を規制する区域の厳格な指定と公共交通機関の利用促進によって都市のコンパクト化が実現できることが明らかとなった。また，市街地が郊外に拡張する以前の時期，つまり市街化が可能な区域が狭い地域に限定されている段階では，公共交通網を充実させることが都市のコンパクト化に効果的であるといえるだろう。

したがって，本章の分析は，都市のコンパクト化に向けた初期の段階の公共政策の取り組みが都市のコンパクト化に有益であることを示唆している。

第6章では，コンパクトな都市を実現する要因として市町村合併の影響を把握する。

市町村合併が行われた後には，新しい自治体の中心部が新たに1つ形成され，そこに人口や業務機能が集中するようになっていく可能性がある。すなわち，市町村合併によって都市のコンパクト化が進むと考えられる。

そこで，本章では，序章で示されるNSDを，都市のコンパクト度を示す指標として用いて，市町村合併と都市のコンパクト度の関係を分析する。

分析の結果，①市町村合併が都市のコンパクト化を進めること，②人口や財政力で旧市町村間の較差（1番目と2番目の市町村の人口，財政力の差）が大きい「較差型」の合併が都市のコンパクト化を進める傾向が強いこと，③合併が行われた年から年数が経過するにつれてよりコンパクト化が進行することが明らかとなった。

したがって，本章の分析は，市町村合併が単に人口規模の確保となるだけでなく，都市のコンパクト化に有益であることを示唆している。

第4部「コンパクト化と自然リスク・人口減少」は，第7章「感染症とコンパクトな都市の魅力——COVID-19への脅威は空間構造を変えたのか？」

および第8章「人口減少に伴う非コンパクト化——コンパクト度の維持はどれほど財政を改善させるのか？」から構成されている。自然な外部要因に着目し，新型コロナウイルス感染症（COVID-19）のような自然リスクや，少子化による人口減少が，都市の非コンパクト化を通じて生み出す財政悪化の影響と，コンパクトな都市を維持する政策による財政改善効果を明らかにする。

第7章では，集積の魅力の視点から，COVID-19流行の影響を把握する。

コンパクトシティも，予期せぬ事態から影響を受けるリスクがある。COVID-19の流行は，密度および近接性が高い地点の地価を下落させ，コンパクト化がもたらす効果を打ち消した可能性がある。ただし，流行から数年が経って感染への危機意識が薄れるにつれ，地価も以前の状態に戻ることも考えられる。

そこで，本章では，COVID-19の流行前後における都市内での各地点の地価の動きについて分析する。分析の結果，容積率の高い地域やコンパクト度の高い地域の地価ほど，2021年の下落幅は大きかったが，その後の22, 23年の回復幅も一部を除き大きいことが明らかとなった。

したがって，本章の分析は，地価をコンパクトな都市の魅力の経済的価値として捉える場合，コンパクト化の経済的価値は，COVID-19の流行以後も，維持されていることを示唆している。

第8章では，都市の非コンパクト化と財政悪化の視点から，人口減少の影響を把握し，コンパクトな都市を維持する政策による財政改善効果を導出する。

多くの自治体で，今後の人口減少によって都市のコンパクト度が悪化すること（＝非コンパクト化）が予想される。その結果，市町村の1人当たり歳出は増加し固定資産税収も減少するため，自治体の財政は悪化する可能性が高い。裏を返せば，都市のコンパクト度を維持することができれば，財政を改善できると考えられる。

そこで，本章では，第1章と第2章で推定した効果をもとに，人口減少と高齢化が進む中で，①現在のコンパクト度を維持したケースと②コンパクト度が10％上昇したケースについて，財政改善効果をシミュレーションする。

分析の結果，歳出と歳入の両面から合計で2030年度に①5494億円，②1兆

7032億円，2045年度に①1兆2261億円，②2兆2024億円の財政改善効果が見込めることが明らかとなった。

したがって，本章の分析は，強力に都市のコンパクト化を推進する政策には，人口減少と高齢化による財政悪化を緩和する効果があることを示唆している。

なお本書では，各章の内容に即して市町村と表記したり都市と表記したりしているが，すべて基礎自治体である市町村（東京都区部を1つの都市として含む場合がある）を意味しており，用語を使い分けているわけではないことに注意されたい。

3. 本書をお読みいただく方へ

前項で述べたように本書は，4部構成となっており，それぞれに2章が配置されています。どのパートからお読みいただいても，コンパクトな都市の持つ意味を学ぶことが可能です。興味のある章からお読みいただければと思います。多くの章を読むことで，全体像をつかむことも可能となり，本書の問題意識である「都市のコンパクト化は，都市の効率的な空間経営を通じて，財政の持続可能性を高める可能性がある」ということを認識していただけると思われます。財政の持続可能性は日々，低下しています。できるだけ早く，その持続可能性を高める方策をとることが求められています。その意味では，都市のコンパクト化をより強い意志で政策的に進めていくことが求められます。本書が，その一助になると幸いです。

注

1 国立社会保障・人口問題研究所による，令和2（2020）年国勢調査の確定数を出発点とする全国将来人口推計。https://www.ipss.go.jp/pp-zenkoku/j/zenkoku2023/pp_zenkoku2023.asp

2 Duranton and Puga（2020）は都市の密度の大きさが，財・サービスのアクセスや移動コストの減少により生産性の改善に貢献することを指摘し，"Economics of Urban Density"（都市の密度の経済性）と呼んでいるが，こうした効果は都市における行政サービスの提供にも適用できると考えられる。

3 原文は次のとおりである。"By understanding various definitions of compact city, this report defines its key characteristics as *i)* dense and proximate development patterns; *ii)* urban areas linked by public transport systems; and *iii)* accessibility to local services and jobs."

著者紹介

赤井　伸郎（あかい　のぶお）
　大阪大学大学院国際公共政策研究科教授，大阪大学博士（経済学）
　1994 年，大阪大学大学院経済学研究科博士後期課程単位取得。1998 年，大阪大学博士（経済学）学位取得
　主要著作：『地方交付税の経済学——理論・実証に基づく改革』（共著）有斐閣，2003 年（第 5 回 NIRA 大来政策研究賞／第 13 回租税資料館賞／第 47 回日経・経済図書文化賞受賞）；『行政組織とガバナンスの経済学——官民分担と統治システムを考える』有斐閣，2006 年（第 48 回エコノミスト賞受賞）；『交通インフラとガバナンスの経済学——空港・港湾・地方有料道路の財政分析』有斐閣，2010 年；『実践 財政学——基礎・理論・政策を学ぶ』（編）有斐閣，2017 年；『地方財政健全化法とガバナンスの経済学——制度本格施行後 10 年での実証的評価』（共著）有斐閣，2019 年

沓澤　隆司（くつざわ　りゅうじ）
　武蔵野大学経済学部経済学科教授，大阪大学博士（経済学）
　1998 年，ロンドン大学政治経済学院地域・都市計画学修士課程修了（M. Sc.）
　主要著作：『住宅・不動産金融市場の経済分析——証券化とローンの選択行動』日本評論社，2008 年；『コンパクトシティと都市居住の経済分析』日本評論社，2017 年

竹本　亨（たけもと　とおる）
　日本大学法学部政治経済学科教授，博士（経済学）（東北大学）
　2007 年，東北大学大学院経済学研究科博士後期課程修了
　主要著作：『分権化時代の地方財政』（分担執筆）中央経済社，2008 年；Contagion of self-interested behavior: Evidence from group dictator game experiments, (co-authored), *German Economic Review*, 17(4), 2016.; Can players avoid the tragedy of the commons in a joint debt game? (co-authored), *International Journal of Game Theory*, 49(4), 2020.;『新・財政学入門』（共著）八千代出版，2022 年

目　次

はじめに──コンパクトな都市と財政　i
　1. 財政の持続可能性と都市の空間経営　i
　2. 本書の狙い　ⅱ
　3. 本書をお読みいただく方へ　ⅸ

序　章　コンパクトな都市と財政　——————————————————1
　　　　　──コンパクト化の捉え方
　1. 客観的指標の必要性　………………………………………………1
　2. これまでのコンパクト指標　………………………………………1
　3. コンパクト指標の提案──都市のコンパクト度を示す指標：NSD　……2
　　3.1　都市のコンパクト度を示す指標　2
　　3.2　NSDとは？　5
　　3.3　コンパクト化が進んでいる市町村　8
　4. コンパクト化に向けた取り組みを行う都市の施策とその効果　……12

第1部　コンパクト化が財政に与える影響

第1章　自治体の歳出への影響　——————————————————18
　　　　　──コンパクト化は財政支出を減らすのか？
　1. はじめに　……………………………………………………………19
　2. 先行研究とその限界　………………………………………………19
　3. 本章の新規性　………………………………………………………21
　4. 仮説──コンパクト化は財政支出を減らすのか　………………21
　5. 推定モデルとデータ　………………………………………………22
　　5.1　推定モデル　22
　　5.2　データ　22
　6. 推定結果　……………………………………………………………23
　　6.1　歳出総額への影響に関する推定結果　23
　　6.2　目的別歳出への影響に関する推定結果　24

xi

        6.3　細目歳出への影響に関する推定結果　26
        6.4　最小効率規模　27
    7.　インプリケーション——歳出の視点から見たコンパクト化の意義 ……28

第2章　自治体の歳入への影響—————————————————30
　　　　——コンパクト化は固定資産税収（地価）を増やすのか？
    1.　はじめに ……………………………………………………………………31
    2.　先行研究とその限界 ………………………………………………………32
        2.1　個別不動産の中心部からの距離　33
        2.2　都市の人口密度　34
    3.　本章の新規性 ………………………………………………………………35
    4.　理論メカニズムと仮説 ……………………………………………………35
        4.1　理論メカニズム　35
        4.2　仮説——コンパクト化は固定資産税収を増やすのか　36
    5.　推定モデルとデータ ………………………………………………………37
        5.1　推定モデル　37
        5.2　データ　40
    6.　推 定 結 果 …………………………………………………………………43
        6.1　固定資産税収への影響に関する推定結果　43
        6.2　地価への影響に関する推定結果1　46
        6.3　地価への影響に関する推定結果2（コンパクト度のサイズ別分析，非線形分析）　46
        6.4　地価への影響に関する推定結果3（用途別分析）　46
        6.5　地価への影響に関する推定結果4（都市の中心点からの距離区分別分析）　47
    7.　インプリケーション——歳入の視点から見たコンパクト化の意義 ……48

第2部　コンパクト化が住民に与える影響

第3章　住民の移動距離・時間への影響——————————————52
　　　　——コンパクト化は歩行・自転車・公共交通の利用を増やすのか？
    1.　はじめに ……………………………………………………………………52
    2.　先行研究とその限界 ………………………………………………………54
    3.　本章の新規性 ………………………………………………………………55

4. 理論モデルと仮説 …………………………………………………55
   4.1 理論モデル　55
   4.2 仮説——コンパクト化は歩行・自転車・公共交通の利用を増やすのか　57
5. 推定モデルとデータ ………………………………………………58
   5.1 推定モデル　58
   5.2 データ　59
6. 推定結果 ……………………………………………………………60
7. インプリケーション——住民の移動距離・時間の視点から見たコンパクト化の意義 ……………………………………………………64

第4章　住民の健康への影響 ―――――――――――――――68
――コンパクト化は介護・医療費を減らすのか？

1. はじめに ……………………………………………………………68
2. 先行研究とその限界 ………………………………………………70
3. 本章の新規性 ………………………………………………………73
4. 理論メカニズムと仮説 ……………………………………………73
   4.1 理論メカニズム　73
   4.2 仮説——コンパクト化は介護・医療費を減らすのか　74
5. 推定モデルとデータ ………………………………………………74
   5.1 推定モデル　74
   5.2 データ　75
6. 推定結果 ……………………………………………………………81
   6.1 要介護認定率への影響に関する推定結果　81
   6.2 要介護度の高いグループごとの認定率への影響に関する推定結果　83
   6.3 国民健康保険の医療費への影響に関する推定結果　86
   6.4 NSDが10%低下した場合の要介護度のグループごとの認定率, 医療費への影響　86
7. インプリケーション——住民の健康の視点から見たコンパクト化の意義…87

第3部　コンパクト化の差異を生み出す要因

第5章　土地利用規制の影響 ―――――――――――――――92
――市街化区域の設定でコンパクト化は進むのか？

目　次　xiii

1. はじめに ……………………………………………………………93
2. 先行研究とその限界 ………………………………………………94
3. 本章の新規性 ………………………………………………………96
4. 仮説——市街化区域の設定でコンパクト化は進むのか ………96
5. 推定モデルとデータ ………………………………………………98
   5.1 推定モデル 98
   5.2 データ 99
6. 推定結果 ……………………………………………………………101
7. インプリケーション——コンパクト化の視点から見た土地利用規制の評価 ………………………………………………………………104

第6章 市町村合併の影響 ——————————————106
——較差の大きな合併でコンパクト化は進むのか？

1. はじめに ……………………………………………………………106
2. 先行研究とその限界 ………………………………………………108
3. 本章の新規性 ………………………………………………………109
4. 仮説——較差の大きな合併でコンパクト化は進むのか ………109
5. 推定モデルとデータ ………………………………………………110
   5.1 推定モデル 110
   5.2 データ 118
6. 推定結果 ……………………………………………………………120
   6.1 合併に関する推定結果1（ベースモデル） 120
   6.2 合併に関する推定結果2（合併タイプ別・人口規模区分別分析） 120
   6.3 合併に関する推定結果3（合併前後の年数経過別分析） 125
7. インプリケーション——コンパクト化の視点から見た市町村合併の評価…128

補論 「本庁舎」「分庁舎」「総合支所」方式ごとの「都市のコンパクト化」への影響 130

xiv

第4部 コンパクト化と自然リスク・人口減少

第7章 感染症とコンパクトな都市の魅力――――――138
――COVID-19への脅威は空間構造を変えたのか？
1. はじめに……………………………………………………138
2. 先行研究とその限界………………………………………140
3. 本章の新規性………………………………………………142
4. 仮説――COVID-19への脅威は空間構造を変えたのか…142
5. 推定モデルとデータ………………………………………144
   5.1 推定モデル 144
   5.2 データ 145
6. 推定結果……………………………………………………148
   6.1 容積率区分別の地価の変化に関する推定結果 148
   6.2 NSD区分別の地価の変化に関する推定結果 148
7. インプリケーション――感染症の視点から見たコンパクト化の評価……153

第8章 人口減少に伴う非コンパクト化――――――155
――コンパクト度の維持はどれほど財政を改善させるのか？
1. はじめに……………………………………………………155
2. 先行研究とその限界………………………………………157
3. 本章の新規性………………………………………………157
4. シミュレーション…………………………………………158
   4.1 シミュレーションにおけるシナリオと政策効果の定義 158
   4.2 シミュレーションの方法 159
5. シミュレーション結果……………………………………161
6. 都市のコンパクト化推進政策の財政改善効果……………162
7. インプリケーション――人口減少に伴う財政悪化とコンパクト化の評価…164

終 章 コンパクトな都市への転換――――――167

おわりに 171

初出一覧　174

参考文献一覧　176

索　引　180

序章

コンパクトな都市と財政
コンパクト化の捉え方

1. 客観的指標の必要性

　序章では，都市のコンパクト化が促進される要因やその効果についての検証の必要性を考えるが，そのためには，まず，どのようにコンパクト化を捉えるのかが重要となる。すなわち，都市のコンパクト度を示す指標を，説得的に，また，客観性のある形で構築することが，要因や効果を分析する前の出発点として求められる。

　以下では，これまでのコンパクト指標を振り返り，その問題点を明示するとともに，より説得的な指標について考えることにする。

2. これまでのコンパクト指標

　コンパクト化を統一的視点で議論し分析するには，コンパクトシティ（都市のコンパクト度）を数値で客観的に捉えること，すなわち，計測方法・指標を明確にすることが必要である。

　これまでもコンパクトシティの指標化はいくつか試みられてきた。まず，人口集中地区（densely inhabited districts：DID と呼ぶ）の面積や人口が都市全体に占める比率や DID 人口密度といった DID の属性に着目した指標（林，2002；小松，2006；関口，2012；杏澤，2015）がある。しかし，自治体の中には，

全域がDIDとなっている都市や，逆にDIDを持たない都市があるため，すべての自治体のコンパクト度を正しく表現できない可能性がある。さらに，そうでない都市についてもDIDの中における人口の偏在が考慮できていないため，指標としては不十分である。それ以外の人口の偏在を考慮した指標としては，町丁目単位の人口密度をもとにしたローレンツ曲線を用いた指標（Nakamura and Tahira, 2008）やDID人口の町丁目シェアをもとにしたハーフィンダール・ハーシュマン指数を用いた指標（川崎，2009），1戸建住宅数や保育所への距離を用いた指標（井田・小野，2020）がある。しかし，これらの指標も人口の偏在の程度を捉えようとしており，都市中心部への人口集中の程度を捉えているわけではなく，コンパクト度を示す指標としては課題がある。

3. コンパクト指標の提案
──都市のコンパクト度を示す指標：NSD

3.1　都市のコンパクト度を示す指標

　本節では，都市のコンパクト度を示す指標を提案する。「はじめに」でも述べたが，OECD（2012）は，コンパクトシティを「人口密度が高く（dense），近接性が高く（proximate），容易に職場や地域の公共サービスに移動できる地方の都市開発の形態」と位置づけており，コンパクトシティの要素となるのは，「人口密度」と「（人口分布の）近接性」である。

　都市のコンパクト度を示す指標として，前節で述べたように，これまで用いられた都市全体や町丁目ごとの人口密度は，都市内の人口分布が中心部にどの程度偏っているかを捉えきれないという課題があった。たとえば，同じ人口規模でも人口分布が郊外にまで拡がっている場合と，そうでない場合では都市の空間構造が大きく異なる。したがって，都市の空間構造を的確に捉えるためには，「人口密度」だけではなく，「近接性」の観点もあわせもつ指標が必要となった。

　「近接性」について，Terzi and Kaya（2008）や杳澤（2016）が使用した「標準距離」（standard distance：SD）という概念が提案されている。これは，次の方法により求められる。まず，図序-1のイメージで示したとおり，各市町村を約1km四方でメッシュ化[1]する。次に，ある地域の各メッシュ内の地理上

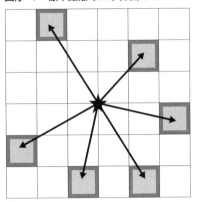

図序-1　標準距離（SD）算出のイメージ

注：都市の中の人口重心（図中の星印）から人口の存するすべてのメッシュ（濃い灰色の枠内）までの距離について、メッシュ内の人口数で重みづけをした上で標準偏差を算出。
出所：筆者作成。

の重心（重力重心）の座標（緯度と経度）を，各メッシュ内に居住する人口（夜間人口）[2]で重みづけし，その地域の重心（「人口重心」[3]と呼ぶ）を決める。最後に，その人口重心から各メッシュまでの地表面距離[4]の2乗を人口で加重平均して平方根を取った値がSDである。そのSDは，以下の式（1）で表される。

$$SD = \sqrt{\sum_{m=1}^{n} h_m r_m^2 / N} \qquad (1)$$

ここでh_mはメッシュmの人口，r_mは都市の人口重心からの地表面距離，Nはその都市の人口であり，都市の人口重心から人口が分布する各メッシュまでの距離の2乗和の平方根を算出し，都市の人口重心への集中度を表している[5]。

都市の人口重心とSDとの関係を地図上で確認してみる。そうすると，多くの場合，都市の人口重心は市街地の中心部にある。図序-2は富山県富山市における人口重心とその点を中心としてSDを半径とする円を作図したものである。人口重心は市役所から南に2km程度離れた路面電車の沿線で，公共住宅と商業業務が立地する市街地であり，近傍に市民病院などの公共施設が配置されている。また，灰色で示されている市街地は，住民が居住する市街地であり，その多くがSDを半径とする円形の中に収まっており，SDを使ってそれぞれ

序章　コンパクトな都市と財政　　3

図序-2　都市の人口重心とSDとの関係（富山市の例）

注：点は市役所，人口重心と市民病院．灰色は市街化区域と用途が指定されている地域．太線は富山市の区域．円は人口重心を中心に標準距離（6.54km）を半径とする円．
出所：国土交通省（2019）「国土数値情報ダウンロードサービス」https://nlftp.mlit.go.jp/ksj/をもとに筆者作図．

の都市の「近接性」を測ることには合理性がある。

　ただし，SDでは，「近接性」は認識できるが，コンパクトシティのもう1つの要素である「人口密度」については反映されていない。たとえば，図序-3のように，1km四方の16のメッシュに各2万人が住む人口32万人のA市と，同じく16のメッシュに各1万人が住む人口16万人のB市を比較する。この例では，両方ともメッシュの真ん中の●が都市の人口重心で，SDは1.58となる。これは両市の人口の分布が同様であるためで，「近接性」を捉えるという点では適切である。しかしながら，合計人口の違いにより市全体および中心部での「人口密度」は異なる。つまり，SDでは人口密度の違いを考慮できていないのである。

　そして，現実の都市では住民の日常的な移動先となる職場や商業・医療・行政施設などが立地する中心部は，図序-3の例のように点ではなく，面的な拡がりをもっている。また，都市の人口が多くなれば同じ機能を持つ施設の数は多くなり，それらは分散して立地するはずである。たとえば，都市に眼鏡店が

図序-3 都市のコンパクト度（NSD）の比較（2015年度）

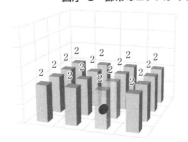

（A市）人口：32万人，市街地面積：16 km²，
人口密度：2万人/km²
SD = 1.58, NSD = 0.28

（B市）人口：16万人，市街地面積：16 km²，
人口密度：1万人/km²
SD = 1.58, NSD = 0.40

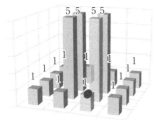

（C市）人口：32万人，市街地面積：16 km²，
人口密度：2万人/km²
SD = 1.22, NSD = 0.22

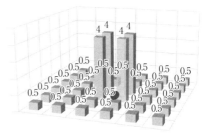

（D市）人口：32万人，市街地面積：36 km²，
人口密度：0.89万人/km²
SD = 1.29, NSD = 0.23

出所：筆者作成。

2軒あれば，それは隣接せずに離れて立地していることが多い。そのため，住居から最寄りの店までの移動距離は，店が1軒しかない人口の少ない都市よりも短くなる。この点は，本書の分析において，人口密度も考慮した指標の必要性を示唆している。

3.2 NSDとは？

そこで，本書では，都市のコンパクト度を示す，より適切な新たな指標として「基準化された標準距離」（normalized standard distance：NSD）を提案する[6]。これは，SDを人口の平方根で除することにより修正した指標で，以下の式(2) で表される。

$$NSD = SD/\sqrt{N} = \sqrt{\sum_{m=1}^{n} h_m r_m^2 / N}/\sqrt{N} = \sqrt{\sum_{m=1}^{n} h_m r_m^2}/N \qquad (2)$$

序章 コンパクトな都市と財政　5

表序-1　人口規模別のNSDの数値

人口規模	都市数	平均	標準偏差	最小値	最大値	最大値/最小値
50万人以上	28	0.638	0.197	0.319（東京都特別区）	1.072（新潟県新潟市）	3.363
20万-50万人	82	0.833	0.345	0.359（東京都西東京市）	1.942（山口県下関市）	5.403
10万-20万人	152	1.079	0.561	0.355（東京都小金井市）	3.486（岩手県一関市）	9.809
5万-10万人	241	1.515	0.902	0.324（東京都狛江市）	5.048（熊本県天草市）	15.562
3万-5万人	239	2.092	1.182	0.454（大阪府島本町）	6.721（広島県庄原市）	14.798
1.5-3万人	284	2.535	1.572	0.602（広島県海田町）	11.504（長崎県対馬市）	19.110

（出所）　総務省「国勢調査」をもとに筆者作成。データは2020年。

　人口の存する地域の拡がりを直線距離で示したSDを2乗して円周率を掛けるとSDを半径とする円の面積となる。この数値を都市の人口で割れば、SDの範囲内にすべての人が住んだ場合の人口密度の逆数となる。それを円周率で除して平方根を取ったものがNSDとなり、絶対的な数量単位を示した数値ではないが、相対的な「近接性」や「人口密度」を反映する指標となる。この指標は数値が小さいほど、都市のコンパクト度が高いことを表すこととなる。

　商業施設が人里離れた地域に立地している可能性もあるが、就労者や顧客の確保のため、通常は市街地の範囲の中にこれらの施設が立地している。とくに、一定規模以上の都市では、それが中心部に集積している。そのため、人々は通勤や買い物などで中心部やその近辺に移動すると想定するのは合理的であり、居住地をもとに人口重心からの距離に基づいて算出したNSDが本書の分析に適している[7]。

　ここで、先行研究で都市のコンパクト度を示す指標として用いられている人口密度と、このNSDとを比較してみよう。先ほどの図序-3のA市とB市の例では、A市の方がNSDは小さく、コンパクト度は高いことが示されている。ただし、人口密度もA市の方が高く、2つの指標に違いはない。そこで、図序-3のC市の例を考えてみよう。人口と市街地面積はA市と同じであるから、人口密度も同じになる。しかしながら、明らかにC市の方が中心部に人口が集中しており、両市のコンパクト度が同じとはいえない。つまり、人口密度はこのような場合のコンパクト度の違いを正確に捉えることができないのである。それに対して、C市のNSDはA市よりも2割程度小さく、両市のコンパクト度の違いを捉えられている。実際、本書で分析対象とする都市において、表序-1のとおり、人口密度が同程度でもNSDは最大と最小で3~19倍程度の相

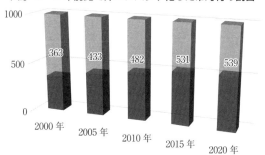

図序-4 5年前比で非コンパクト化した市町村の割合
■ 非コンパクト化（NSD上昇）　■ コンパクト化（NSD低下）
出所：筆者作成。

違がある。これはA市とC市の例のように，人口の分布状況の違い，とくに中心部への人口集中の程度が異なるためであると考えられる。このことから，NSDの方が人口密度よりも都市のコンパクト度を示す指標として適切であるといえる。

　また，NSDは人口重心からの距離によって構成されており，都市の中心までの集中の度合いを見ているという点で，市町村面積や市街地面積など単に面積的な拡がりを見るよりも，より高次の観点からの指標となっている。この点については図序-3のD市の例で考えてみよう。D市の人口はA市と同じであるが，市街地面積はA市の2.25倍（36のメッシュ）である。ところが，NSDはA市より2割ほど小さく，面積による大小関係とは逆転している。面積が広くなっても，都市の中心部に人口が集中していることでNSDの数値は小さくなっているのである。そして，中心部への人口集中の点からも，中心部（真ん中の4つのメッシュ）の人口密度の点からも，D市の方がA市よりもコンパクトであるといえる。このように，NSDの方が都市のコンパクト度をより正確に捉えている。

　さらに，NSDがどのように変化してきたのかを，見てみよう。まず，日本全体でのNSDの動きとして，NSDが上昇（非コンパクト化）した市町村数と，NSDが低下した市町村数との比率の推移を見たものが，図序-4である[8]。5年前比で非コンパクト化した市町村の割合の推移を見る限り，NSDが上昇した市町村の割合が増加していることがわかる。一方で，割合は減少しているもの

序章　コンパクトな都市と財政　　7

の，NSDが縮小している，つまりコンパクト化を着実に推進させている自治体も全体の半数程度存在する．

3.3 コンパクト化が進んでいる市町村

　それでは，どのような市町村でコンパクト化が着実に進んでいるかを見てみよう．どのような自治体でNSDが大きく低下し，コンパクト化がより進展しているのかを明らかにするため，人口規模区分別に，NSD変化率のマイナスの値が大きい上位5都市を表にしたものが，表序-2である．

　この上位の市町村を見ると，人口増減率のプラスの値が大きな市町村が大多数を占めていることがわかる．ただ一方で，北海道石狩市，静岡県浜松市，福島県郡山市，石川県白山市など，必ずしも人口増減率のプラスの値が大きくないか，あるいは値がマイナスとなっている市町村でもコンパクト化が進んでいる市町村が見出せる．こうした市町村で生じた行政形態や公共交通，政策対応の変化を見れば，人口が今後減少する社会においてコンパクト化を実現する方法のヒントを得ることができると期待される．

　コンパクト化を促進させる第1の要因としては，市町村合併，その中でも人口の大きな市と周辺の複数の市町村が合併する吸収型合併が考えられる．

　NSDは，式(2)に示したとおり，分子の部分が市町村ごとの人口重心からのばらつきを示すSDで，分母の部分は人口の平方根である．したがって，人口増減率のプラスの値が大きくなる場合にはNSD変化率のマイナスの値は大きくなるが，人口増減率のプラスの値が大きくないか，あるいはマイナスでも，第6章で述べる吸収型合併を経た市町村や都市のコンパクト化を積極的に推進した市町村の場合には，分子のSDが大きく減少することによりNSD変化率のマイナスの値は大きくなり，コンパクト化を実現できる可能性はある．

　上記に掲げた市の例では，北海道石狩市は，2005年に市域の北に隣接していた厚田村，浜益村と合併している．合併前の石狩市の区域内の2020年の人口は2000年との比較で9.6%増加している．これに対して，合併後の石狩市の中では北に偏った場所に位置している旧厚田村は39.9%，旧浜益村は54.1%それぞれ減少している．合併は同市の中での偏りを減少させ，NSDを低下させる，つまり都市のコンパクト化を推進させる結果となった．

　吸収型合併を経たという意味では，静岡県浜松市や石川県白山市も同様の例

表序-2　NSDを維持している自治体（人口規模区分別上位5団体）

	人口50万人以上	NSD変化率	人口増減率	人口数		人口20万~50万人	NSD変化率	人口増減率	人口数		人口10万~20万人	NSD変化率	人口増減率	人口数
1	静岡県浜松市	-14.366	0.561	790,718	1	茨城県つくば市	-27.170	25.985	241,656	1	千葉県印西市	-25.777	28.615	102,609
2	神奈川県川崎市	-11.426	23.070	1,538,262	2	愛知県豊田市	-13.663	6.858	422,330	2	千葉県流山市	-22.703	32.766	199,849
3	福岡県福岡市	-11.089	20.196	1,612,392	3	愛知県岡崎市	-10.046	11.173	384,654	3	広島県東広島市	-22.536	12.126	196,608
4	東京都特別区	-11.040	19.651	9,733,276	4	東京都調布市	-9.963	18.488	242,614	4	石川県白山市	-19.953	3.207	110,408
5	神奈川県相模原市	-10.998	6.510	725,493	5	福島県郡山市	-9.774	-2.130	327,692	5	沖縄県うるま市	-16.599	13.920	125,303

	人口5万~10万人	NSD変化率	人口増減率	人口数		人口3万~5万人	NSD変化率	人口増減率	人口数		人口1.5万~3万人	NSD変化率	人口増減率	人口数
1	宮城県富谷市	-33.734	43.839	51,651	1	福岡県新宮町	-45.728	46.792	32,927	1	埼玉県滑川町	-41.864	53.724	19,732
2	北海道石狩市	-30.589	-4.796	56,869	2	熊本県菊陽町	-35.718	52.810	43,337	2	山梨県富士河口湖町	-31.120	15.433	26,082
3	茨城県守谷市	-28.756	35.858	68,421	3	京都府精華町	-29.640	37.337	36,198	3	群馬県吉岡町	-27.297	32.041	21,792
4	京都府木津川市	-26.885	32.475	77,907	4	熊本県大津町	-27.992	25.574	35,187	4	沖縄県中城村	-26.444	47.841	22,157
5	埼玉県吉川市	-22.911	27.008	71,979	5	宮城県岩沼市	-24.432	6.426	44,068	5	宮城県大和町	-22.340	17.927	28,786

注：NSD変化率と人口増減率は2000年から20年にかけての変化率。
出所：総務省「国勢調査」「地域メッシュ統計」をもとに筆者作成。

となる。2005年に合併した浜松市の場合は，北に位置している合併後の天竜区（合併前の天竜市など5市町村で構成）では2020年の人口は2000年の人口との比較で35.0%減少している。石川県白山市も2005年に金沢市に近い松任市・鶴来町・美川町と南部に位置する5村が合併して新設された市である。前者の2020年の人口は2000年の人口との比較で6.2%増加しているのに対し，都市部から離れた後者の地域の人口は34.5%減少している。

　コンパクト化を促進させる第2の要因としては，それぞれの市町村の公共交通の展開状況が考えられる。

　表序-2に掲げた福島県郡山市の場合は，この20年間に吸収型合併が行われ

序　章　コンパクトな都市と財政　　9

たわけではなく，人口についても 2000 年との比較で 2.1% 減少しており，わずかながら全体的に減少傾向にある。ただし，その減少幅も地域差があり，郡山市の中心である JR 郡山駅から離れた東部地域（田村町，西田町，中田町）や西部地域（三穂田町，逢瀬町，湖南町，熱海町）では，それぞれ 19.1%，29.0% 減少している。この背景として，同市の JR 郡山駅が交通の結節点となっており，こうした公共交通手段が充実した市では，第 6 章で述べるように，その交通拠点に人口が集中する一方で，その拠点から離れた地域の人口が減少することで，都市のコンパクト化が進展しやすいことがある。

コンパクト化を促進させる第 3 の要因としては，それぞれの都市において講じられている中心部へ人口や諸機能を集中させる政策，あるいは市街地の分散を抑制する政策の内容が考えられる。

以上のような人口増減率だけでは説明できない要因をより精密に分析するために，人口増減率を横軸に，NSD 変化率を縦軸にして，各自治体を丸印でプロットしたものが，図序-5 である。ここでは，市町村の人口規模の違いによって分布状況に違いが生じる可能性を考慮して，50 万人以上の市，20 万〜50 万人の市，10 万〜20 万人の市ごとにプロットした図をそれぞれ 5-1，5-2，5-3 として作成した。

各市の人口増減率と NSD 変化率について，それぞれ示した丸印の分布状況を見ると，5-1 から 5-3 までのいずれについても，丸印の点が左上から右下，つまり第 2 象限から第 4 象限にかけて多く分布している。この分布を見ると，多くの場合には人口増減率がプラスであれば NSD の変化率はマイナス，すなわちコンパクト化が進み，人口増減率がマイナスであれば NSD の変化率はプラス，すなわち非コンパクト化が進むようにも思われる。人口が増加すれば都市の市街地内の人口の厚みは大きくなると考えられるので，コンパクトシティの定義からもそれは至極当然のようにも思われる。

しかし，図序-5 の 5-1，5-2，5-3 のそれぞれの点の近似線（点線部分）を見ると，その点線より下方に位置している市町村が存在する。こうした都市においては，他の市町村以上に人口増減率に対して NSD がよりマイナスの方向に変化していることを意味し，よりコンパクト化が進行していることになる。第 3 象限に位置している市においては，人口増減率としてはマイナスであるものの NSD の変化率はマイナス，すなわちコンパクト化が進んでいることになる。

図序-5 人口増減率とNSD変化率

5-1 人口50万人以上

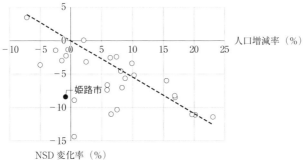

5-2 人口20万〜50万人

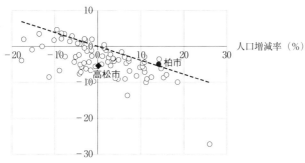

5-3 10万〜20万人

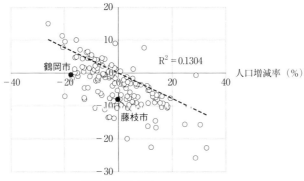

注：NSD変化率と人口増減率は2000年から20年にかけての変化率。
出所：総務省「国勢調査」「地域メッシュ統計」をもとに筆者作成。

序章 コンパクトな都市と財政 11

換言すれば，人口減少の不利要因を跳ね返すほどの都市の中心部への人口集中を促す政策が存在している可能性がある。今後の都市のコンパクト化を実現するための方策を検討する際には，それを明らかにすることが求められる。

4. コンパクト化に向けた取り組みを行う都市の施策とその効果

　前節で示したように，人口増減率に対応した NSD 変化率のマイナスが他の市町村以上に大きく，コンパクト化が急速に進行した市町村があった。その中には人口が減少していても，NSD が減少する市町村も見られる。こうした都市では都市のコンパクト化を推進する適切な政策が講じられていると考えられる。そこで，国土交通省がコンパクトシティの政策を展開しているモデル都市として指定している都市の中からいくつかを選択し，2022 年 1 月から 23 年 2 月にかけて，コンパクト化を促進するための施策の実態と課題についての現地調査を行った。訪問した都市は，表序-3 のとおりである。

　これらの都市の人口増減率と NSD 変化率の状況は図序-5 の中の●のとおりである。千葉県柏市を除いて，それぞれの人口規模の都市群の中で，人口増減率が同程度の都市と比べて NSD の変化率がより低い水準となっており，それぞれの都市におけるコンパクト化に向けた施策の取り組みの結果がうかがえる。

　これらの調査からは，以下のことが明らかとなった。鶴岡市では，「線引き[9]」により，市街化区域および居住誘導地域に人を集める政策が一貫性のある形で行われており，空き家や狭隘な道路の解消，行政施設，医療福祉施設，研究教育施設の立地誘導などを通じて町の拡大が防がれており，行政費用も節約できている。しかしながら，制御できない近郊他都市エリアに大型ショッピング・センターができてしまい，そこで生活に必要な商品を調達する流れが起きている。そのため，政策が車利用社会への歯止めまでにはなっておらず，街の中心にある商店街に活気が戻るまでの成果は見られていない。

　柏市では，中心部の団地を建て替え，また，サービス付き高齢者住宅の整備，地域包括ケアサービスを通じて，郊外の高齢者を中心部に呼び込み，活気ある団地を維持している。一方で，東京などへの通勤圏という立地の良さから，既存の中心部の市街地に加えて，北部に新しい都市拠点が整備されてきている。

表序-3　現地調査を実施した都市の人口規模とNSDの数値

訪問日時	都市名	人口（人）	人口増減率（％）	NSD	NSD変化率（％）
2023年1月31日	山形県鶴岡市	122,347	−17.079	2.290	−1.596
2022年12月16日	千葉県柏市	462,468	14.097	0.577	−4.947
2022年12月20日	静岡県藤枝市	141,342	−0.213	0.913	−8.043
2023年2月13日	香川県高松市	417,496	0.196	0.834	−5.401
2023年2月14日	兵庫県姫路市	530,495	−0.836	0.920	−8.408

注：人口増減率とNSD変化率は2000年から20年にかけての変化率。
出所：総務省「国勢調査」「地域メッシュ統計」をもとに筆者作成。

　その結果，人口は増加しているものの，都市のコンパクト化が進んでいるわけではない。
　藤枝市では，中心市街地の活性化に向けて，地権者と協力しながら，人を呼び込む核となる施設を構築している。映画館が入る駅前の商業施設に来た客を市街地で回遊させる仕組みづくりは，その取り組みの一環である。市街地を拡げない一方で，駅前にマンションが建ち，新たな層が市外からやってきていることから，相対的にコンパクトなまちづくりができている。ただし，コンパクト化されているように見えるのは，若い世代の流入が原因であり，郊外で起きるスポンジ化・高齢化・空き家問題の解消は，引き続き残された課題である。
　高松市では，市街地中心部で経済活動が行われ，商店街を活性化する試みは着目されている。一方で，周辺との市町村合併などもあって，2000年に線引きを廃止しており，都市の拡大が起きている。広い一戸建てに対する強いニーズから郊外に居住エリアが整備され，車で生活するスタイルも拡がっている。その結果，行政コストも拡大しているように思われる。公共交通が利用されるまちづくりに向けて，新駅をつくったり，電車を15分間隔として気楽に待たずに乗れるようにしたりして，駅利用を促す取り組みにも励んでいる。
　姫路市では，鉄道へのアクセスが良く，その周辺に住宅街が拡がっている。姫路駅前の整備については，一般車の流入の規制や憩いの場の整備，姫路城への景観に対する配慮が見られる。そのような工夫もあって姫路駅を中心として商業エリアが拡がっており，駅前では歩行者も多く見られ，コンパクト化に寄与している。
　これらの現地調査からは，以下のような傾向を見出すことができる。まず，従来から線引きをしっかりと守り，中心街に集中して行政サービスを提供する

などのまちづくりを行い，中心街への居住促進を行っている都市では，コンパクトな都市を実現できている傾向にある。一方で，市町村合併などによる都市エリアの拡大や，それに伴う線引きの廃止をした都市では，流入者の郊外居住が生じ，コンパクトではない状態が生じている傾向にある。

また，コンパクトな都市を実現できている場合には，中心街に活気があふれ，その都市の魅力，すなわち地価の維持にも貢献している傾向にある。さらに，行政サービスの費用の節約や，中心街の歩行者も確保できており，健康への効果も期待できる。

ただし，実例だけでは，この傾向が全国普遍的なものであるのか，その都市特有のものであるのかが明らかではない。したがって，本書では，これらの実例を踏まえ，都市のコンパクト化の要因や，財政の持続可能性への効果に関する仮説を設定し，データを用いて客観的にその仮説を検証することとする。そうすることで，実例とともに，より説得的で価値のある結果を確認することができ，今後の政策にも役立つ議論が可能となると考えられる。

注

1 ここで使用した「メッシュ」とは，昭和48年7月12日行政管理庁告示第143号による「標準地域メッシュ」における緯度30秒，経度45秒からなる基準地域メッシュである。その際には地理情報ソフトArcGISを使用した。
2 都市の中心から居住地がどの程度分散しているかを分析する際には，夜間人口を用いるのが妥当である。
3 まず，重心とは，各地域メッシュまでの距離の2乗値の合計が最小となる地点のことである。具体的には，重心の地点 a は，$x_1, x_2, \cdots, x_n$ からなる座標データについて，$f(a) = \sum_{i=1}^{n}(x_i - a)^2$ で示される偏差平方和を最小とする a として計算される。a が，$x_1, x_2, \cdots, x_n$ の平均値となる。また，人口重心とは，各地点に居住する人口で各地点を重みづけして計算した重心のことであり，各都市の地域メッシュにおける人口で重みづけされた座標の平均値で計算される。
4 「地表面距離」（中心点とそれぞれのメッシュとの間の距離 (r)）については，三浦 (2015) が示した下記の数式で算出した。

$$r = l \times \arccos(\sin\phi_1 \times \sin\phi_2 + \cos\phi_1 \times \cos\phi_2 \times \cos(\lambda_1 - \lambda_2))$$

ここで l は地球の赤道半径 (6,378.137 km)，ϕ_1 と λ_1 は中心点の緯度と経度，ϕ_2 と λ_2 は各メッシュの重心の緯度と経度である。また，メッシュが市町村の境界をまたがる場合には，それぞれの市町村の区域の面積で按分して，それぞれの市町村の区域にかかるメッシュの人口を算出している。ここで，市街地の形状が仮にドーナッツの半円形である場合には，市町村外に人口重心が存在する例外があることは否定できないが，多くの場合は，人口重心は市町村内に設定されており，一般的に，現状の多様な市町村の市街地

の拡がりの状況を把握する基準としては，人口重心を用いることが，制約の中で最も妥当なものであると考えられる。したがって，その重心までの直線距離の大きさをもとに，分析を行うことが望ましいと思われる。

5 分析対象となる市町村が複数の市町村の合併を経ていることなどの事情から，複数の業務拠点や既存の市街地があることを理由に各拠点や市街地の位置も踏まえて「近接性」を測るべきではないかとの見解も考えられるが，都市のコンパクト化は単一の都市の中での近接性や密度の高さを確保して，住民の利便性を改善することをめざすものであることから，本書では都市全体の市街地の拡がりをもとに人口重心を特定し，その重心をもとに「近接性」を計測した「標準距離」，あるいは「基準化された標準距離」の指標を使うこととする。

6 都市のコンパクト度の指標としては NSD 以外にも，たとえば，SD と人口密度の 2 つの指標を用いた推定も考えられる。ただし，SD は第 3 節で述べたように「人口の存する地域の拡がり」を示しており，人口密度の分母の面積と密接に関連する。そのため，現実の都市では 2 つの指標がある程度関係しており，推定において 2 つの指標がそれぞれの要因だけを捉えていない可能性がある。このため，本書では，できるだけ簡素な 1 つの指標でコンパクト度を捉えて政策評価へつなげることを念頭に置いて，NSD を用いた分析を行った。ただし，都市のコンパクト度の指標については，さらなる検討が必要である。今後の課題としたい。

7 住民の生活圏の拡大による市町村の区域外への移動を考えると，より広い圏域を単位とした分析（たとえば，都市圏）も考えられる。しかしながら「全国都市交通特性調査」によれば，住民の移動の総トリップのうち，平日の約 73％，休日の約 70％が同一の市町村内で行われている。そのため，本書の分析では市町村を単位としている。なお，市町村の区域外への移動の影響については，昼夜間人口比率でコントロールすることで，排除できると思われる。

8 対象となる自治体は，2020 年時点で人口 1.5 万人以上の市町村である。

9 「線引き」とは，都市計画法により定められている「市街化区域」と「市街化調整区域」との間の区分のことである。前者はすでに市街地を形成している区域かおおむね 10 年以内に優先的かつ計画的に市街化を図るべき区域とされているが，後者は市街化を抑制すべき区域とされており，その区域では開発行為が原則として抑制されている。この区域の区分をする「線引き」の制度が，市街地の無秩序な拡大を抑制する上で大きな役割を果たすとされている。

参考資料

柏市（2022）「柏市立地適正化計画（令和 4 年 4 月改訂版）」
　　https://www.city.kashiwa.lg.jp/toshikeikaku/shiseijoho/keikaku/sonota/rittitekiseika.html
国土交通省（2019）「モデル都市の形成・横展開」
　　https://www.mlit.go.jp/toshi/city_plan/toshi_city_plan_tk_000039.html
総務省（2020）「国勢調査」
高松市（2020）「高松市立地適正化計画」
　　https://www.city.takamatsu.kagawa.jp/kurashi/shinotorikumi/machidukuri/toshi/tekiseika/index.html
鶴岡市（2018）「鶴岡市都市再興基本計画」

https://www.city.tsuruoka.lg.jp/seibi/toshikeikaku/toshikeikaku-plan/tosisaikou.html
姫路市（2019）「姫路市立地適正化計画」
　　https://www.city.himeji.lg.jp/shisei/0000006753.html
藤枝市（2022）「藤枝市立地適正化計画」
　　https://www.city.fujieda.shizuoka.jp/soshiki/toshikensetsu/toshiseisaku/oshirase/1519609019371.html

第1部

コンパクト化が財政に与える影響

> 第1部では，都市のコンパクト化が自治体の財政に与える影響をつかむために，第1章で歳出面，第2章で歳入面とNSDの関係をそれぞれ分析する。「コンパクトシティ」(都市のコンパクト度が高い自治体)では，サービスの供給エリアが小さいため効率的に公共サービスを供給でき，1人当たり歳出が低くなることにつながっている(第1章)。歳入面についても，コンパクト度の高い都市では地価が高くなるため，基礎自治体の主要な歳入である固定資産税収が大きくなっている(第2章)。したがって，都市のコンパクト化は自治体の財政を改善させることが示唆される。

第1章　自治体の歳出への影響
　　　　——コンパクト化は財政支出を減らすのか？

第2章　自治体の歳入への影響
　　　　——コンパクト化は固定資産税収（地価）を増やすのか？

第1章

自治体の歳出への影響
コンパクト化は財政支出を減らすのか？

本章のポイント

「コンパクトシティ」（都市のコンパクト度が高い自治体）では，サービスの供給エリアが小さいため，同じ人口であっても効率的に公共サービスを提供できている可能性がある。すなわち，コンパクト化は自治体の1人当たり歳出を低下させると考えられる。

そこで，本章では，序章で示されたNSD（基準化された標準距離）を都市のコンパクト度を示す指標として用いて，都市のコンパクト化が基礎自治体の歳出に与える影響を分析する。

分析の結果，都市のコンパクト度に対して，1人当たり歳出総額は有意にU字型の効果をもつことが示され，1人当たり歳出総額が最小となるNSDが存在することが示された。つまり，財政的に適度なコンパクト度が存在することが明らかとなった。また，その最小となるNSDよりもコンパクトでない市町村は全体の85％もあり，それらの市町村ではコンパクト化によって歳出を抑制できる可能性がある。さらに，目的別歳出の衛生費と土木費，消防費，教育費，その細目の小学校費と中学校費の合計額（以下では，「小学校・中学校費」と呼ぶこととする）についても同様の結果となった。

したがって，本章の分析は，都市のコンパクト化が自治体歳出，とくに目的別歳出の衛生費や土木費，消防費，教育費を低下させることを示唆している。

1. はじめに

　人口減少と高齢化による自治体財政の悪化が懸念される中で，コンパクトシティが注目されている。基礎自治体のサービスには，居住エリアが小さいほどサービスの供給エリアが小さくなり，サービス・コストが抑えられるタイプが存在する。「はじめに」で述べた道路の新設・改良や維持補修といったインフラ・サービスや，消防やごみ収集などの公共サービスが対応する。これらのサービスにおいては，居住エリア，すなわち，居住者の分布がコストを左右する重要な要素である。

　そのため，都市構造をよりコンパクトにすることによって，同じ人口であっても効率的に公共サービスを提供できる可能性がある。本章では，このような背景をもとに，コンパクトな基礎自治体ほど効率的に公共サービスを提供することができているのかを，1人当たりの歳出の大きさから検証する。

　本章は以下のように構成される。次節では先行研究とその限界を，第3節では本章の新規性を，第4節では本分析での仮説を説明する。続く第5節では推定モデルとデータを，第6節では推定結果を述べる。最後に，第7節でインプリケーションをまとめる。

2. 先行研究とその限界

　多くの先行研究によって，自治体が供給する地方公共サービスに関して規模の経済性が働き，さらに1人当たり歳出を縦軸，人口を横軸にしたグラフはU字型となり，歳出が最小となる人口規模（最小効率規模）が存在することが指摘されてきた（中井，1988；原田・川崎，2000；林，2002；竹本ほか，2004；中村，2014など）。しかし，竹本ほか（2019a）によると，人口3万人以上の市町村に関しては，人口による1人当たり歳出に関する説明力は低下する[1]。

　それでは，相対的に人口の多い自治体については，1人当たり歳出に影響する要因は何であろうか。中井（1988）などいくつかの先行研究は，自治体の面積が1人当たり歳出に影響を与えており，同じ人口でも公共サービスを提供する地域が狭い方が1人当たり歳出は低くなる傾向にあることを示した。つまり，

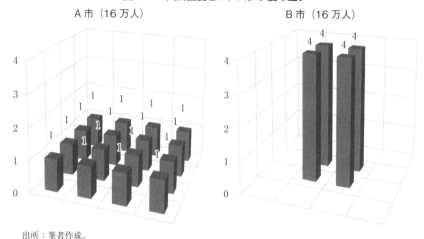

図1-1 人口密度とコンパクト度の違い

出所：筆者作成。

人口密度が重要ということになる。

しかしながら、同じ人口密度の自治体であったとしても人口分布の状態は同じではない。たとえば、序章の図序-3と同様、図1-1のような例で考えてみよう。A市とB市は人口も面積も同じ、つまり人口密度も同じである。人々がA市のように市域全体に均一に居住している場合よりも、B市のように中心部に集まって居住している方をコンパクトな都市と呼ぶことができるだろう。この場合、A市とB市を比較すると、コンパクトなB市の方が公共サービスの1人当たり費用が低くなる可能性が高い。なぜならば、コンパクトな都市の方が必要な道路や橋が少なくて済み、道路の整備や維持費用が低い可能性があるからだ。さらに、道路のような社会インフラ以外でもサービスの供給エリアが小さくなることで費用が低下する可能性がある。つまり、人口密度だけでなくコンパクト度の違いが1人当たり歳出に影響を与えている可能性がある。

都市のコンパクト度と歳出との関係については、序章の第2節で挙げたコンパクト指標を用いた研究（林、2002；Nakamura and Tahira, 2008；川崎、2009；関口、2012；杏澤、2015；井田・小野、2020；西垣ほか、2024）がある。しかし、序章でも述べたように、これらの研究では使用した指標がコンパクト度を表すのに十分ではない。

3. 本章の新規性

　本章では，都市のコンパクト化の1人当たり歳出への影響を検証する。その際に「都市のコンパクト度」を適確に評価し分析を行うため，序章で提案した「基準化された標準距離」（normalized standard distance: NSD）を用いる。

　これまでに上記の検証を目的としてこの指標を用いた研究はなく，ここに新規性がある。この指標は，人々の居住場所の都市中心部への近接性や人口密度の性格を兼ね備えている特徴があり，本章の狙いであるコンパクト化の1人当たり歳出への影響を捉える指標として適切である。

　以上より，的確な指標を活用し分析を行うことで，都市のコンパクト化が1人当たり歳出にどのような影響を与えるのかを的確に検証することができるという点で，本章は，都市のコンパクト化がもたらす効果の評価に貢献できると考えられる。

4. 仮説──コンパクト化は財政支出を減らすのか

　本章では，これまでの先行研究を踏まえ，「コンパクト化は財政支出を減らすのか」という大きな問いに対して，具体的には以下の仮説を検証する。

　　仮説：「1人当たり歳出総額」が最小となる都市のコンパクト度が存在する。

　都市のコンパクト度は，1人当たり歳出に大きく影響していると思われる。これは，都市がコンパクトであれば，同じ人口でも道路面積が小さくなるため，道路面積に応じて決まる道路の新設・改良や維持補修といったインフラ関連の1人当たり費用は小さくなるためである。さらに，消防やごみ収集などのように受益者の所まで出向いて提供するサービスにおいても，サービスの供給エリアが小さくなるほどコストが抑えられるため，コンパクトな都市の方が1人当たり費用は小さくなるはずである。すなわち，コンパクトになるほど1人当たり歳出が低下すると考えられる。

　一方で，混雑効果により防災上や衛生上の追加的な費用の発生という負の効

果も想定される。この費用を考慮すると，コンパクトになればなるほど1人当たり歳出が低下するとは考えにくい。したがって，1人当たり歳出を縦軸，都市のコンパクト度を横軸にしたグラフはU字型となり，1人当たり歳出が最小となる都市のコンパクト度が存在すると考えられる。

5. 推定モデルとデータ

5.1 推定モデル

本章では，序章で提案したNSDを説明変数，基礎自治体の1人当たり歳出を被説明変数とした回帰分析を行う。NSDの効果は，人口規模と同様にU字型となる可能性がある。そこで，1人当たり歳出が最小となるコンパクト度が存在する可能性を考慮し，NSDの2乗の項を説明変数に加える。また，コントロール変数として，人口，15歳未満人口割合，65歳以上人口割合，昼夜間人口比率に加え，自治体の間での行政権限の違いを考慮するため，政令指定都市ダミー，中核市ダミー，町村ダミーを加える。具体的には，以下の式（1-1）を用いて分析を行う。

$$\ln \frac{c_i}{n_i} = \alpha + \beta_1 \ln NSD_i + \beta_2 (\ln NSD_i)^2 + \Sigma_j \gamma_j x_{ji} + \varepsilon_i \qquad (1\text{-}1)$$

ここで，c_iは自治体iの歳出額，n_iは人口，NSD_iはNSD，x_{ji}は属性jのコントロール変数であり，考慮する属性は，人口，15歳未満人口割合，65歳以上人口割合，昼夜間人口比率，政令指定都市ダミー，中核市ダミー，町村ダミーである。αは定数項，ε_iは誤差項で標準的な線形回帰モデルの性質を満たすとする。

なお，基本モデル（モデル1）に加え，すべての変数が有意となるようにしたモデル（モデル2）でも分析を行う。この分析結果は，第8章におけるシミュレーションでも活用する。

5.2 データ

本章で分析に使用する人口および財政データの年度は2015年度である。各変数の基本統計量は表1-1のとおりである。

まず，主たる説明変数であるNSDは，国勢調査のメッシュデータ[2]をもと

表 1-1 基本統計量（2015年）

変　　数	標本数	平　均	標準偏差	最小値	最大値
NSD	751	1.5459	1.0762	0.3414	10.9644
人口（単位：人）	751	140,615	259,658	30,061	3,724,844
15歳未満人口割合	751	0.1284	0.0174	0.0710	0.2070
65歳以上人口割合	751	0.2784	0.0487	0.1509	0.4459
昼夜間人口比率	751	0.9527	0.0850	0.7378	1.3167
1人当たり歳出総額（単位：千円）	751	441	169	247	2273
1人当たり衛生費（単位：千円）	751	38	16	17	140
1人当たり土木費（単位：千円）	751	51	58	13	801
1人当たり消防費（単位：千円）	751	18	8	7	79
1人当たり教育費（単位：千円）	751	49	18	20	161
1人当たり道路橋りょう費（単位：千円）	751	14	10	2	85
1人当たり小学校・中学校費（単位：千円）	751	19	11	5	127

出所：総務省（2015）「国勢調査」「市町村別決算状況調」をもとに筆者作成。

に福島県内を除く人口3万人以上の751市町村を対象に算出した。ただし，市街地が区域を越えて全域に拡がっている東京都区部を除いている。それ以外の説明変数である人口および15歳未満人口割合，65歳以上人口割合，昼夜間人口比率は「平成27年国勢調査」の市区町村別データを使用した。

次に，被説明変数となる市町村の歳出総額および目的別歳出額は，「平成27年度市町村別決算状況調」のデータを使用した。分析する目的別歳出の費目は，衛生費と土木費，消防費，教育費である。議会費のように都市のコンパクト度とは関係のない費目や扶助費の割合が高い民生費のような費目は分析対象から除外した。さらに，コンパクト度とより関係が深いと考えられる細目についても分析を行った。具体的には，土木費の中に含まれる道路橋りょう費と教育費の中に含まれる小学校・中学校費である。

6. 推定結果

6.1 歳出総額への影響に関する推定結果

まず，1人当たり歳出総額に関する推定結果は，表1-2に示されている。モデル1とモデル2ともに，NSDおよびその2乗の項は両方とも1%水準で有意となっている。2乗の項の係数は正で，NSDの1人当たり歳出総額への影

表 1-2　NSD 指標の 1 人当たり歳出総額への影響（2015 年）

	モデル 1	モデル 2
ln NSD	0.1201*** (0.0193)	0.1265*** (0.0185)
$(\ln NSD)^2$	0.1363*** (0.0143)	0.1332*** (0.0141)
ln（人口）	−0.0704*** (0.0142)	−0.0717*** (0.0141)
ln（15 歳未満人口割合）	−0.0962 (0.0798)	
ln（65 歳以上人口割合）	0.2162 (0.0731)	0.1516*** (0.0498)
ln（昼夜間人口比率）	0.7966*** (0.0808)	0.7921*** (0.0807)
政令市ダミー	0.3048*** (0.0527)	0.3037*** (0.0527)
中核市ダミー	0.0822** (0.0343)	0.0834** (0.0343)
町村ダミー	−0.1602*** (0.0271)	−0.1585*** (0.0270)
定　　数	7.2728*** (0.2791)	7.0058*** (0.1699)
標 本 数	751	751
Adj. R^2	0.6080	0.6078

注：***は 1% 有意，**は 5% 有意，括弧内は標準誤差である。
出所：筆者作成。

響は U 字型となっており，1 人当たり歳出総額が最小となる NSD が存在することを示している。つまり，コンパクト化が進むにつれてその効果は逓減し，財政的に適度なコンパクト度が存在することが明らかとなった。

　それ以外の説明変数は，モデル 1 の 15 歳未満人口割合と 65 歳以上人口割合，さらにモデル 1 と 2 の中核市ダミー（5% 水準で有意）を除いて，すべて 1% 水準で有意となっている。

6.2　目的別歳出への影響に関する推定結果

　次に，1 人当たり目的別歳出に関する推定結果は，表 1-3 に示されている。衛生費と土木費，消防費，教育費のすべてにおいて NSD およびその 2 乗の項は，土木費の NSD の 2 乗の項（5% 水準で有意）を除いて，すべて 1% 水準で

24　第 1 部　コンパクト化が財政に与える影響

表1-3 NSDの1人当たり目的別歳出への影響（2015年）

	衛生費	土木費	消防費	教育費
ln *NSD*	0.1361*** (0.0308)	0.2029*** (0.0428)	0.2538*** (0.0272)	0.1823*** (0.0281)
(ln *NSD*)²	0.1039*** (0.0234)	0.0644** (0.0325)	0.0917*** (0.0206)	0.1262*** (0.0213)
ln（人口）	−0.0535** (0.0235)	−0.0485 (0.0327)	−0.0637*** (0.0207)	−0.0930*** (0.0214)
ln（65歳以上人口割合）	0.3329*** (0.0829)	−0.2338** (0.1152)	0.1833** (0.0732)	−0.3772*** (0.0755)
ln（昼夜間人口比率）	0.6300*** (0.1343)	1.4153*** (0.1866)	0.3499*** (0.1186)	0.4816*** (0.1223)
政令市ダミー	0.1739** (0.0876)	0.5393*** (0.1217)	0.1433* (0.0773)	0.1494* (0.0798)
中核市ダミー	0.0945* (0.0570)	0.0742 (0.0793)	−0.0603 (0.0504)	0.1286** (0.0520)
町村ダミー	−0.0684 (0.0450)	−0.0852 (0.0625)	0.0411 (0.0397)	−0.1008** (0.0410)
定　　数	4.5535*** (0.2826)	3.9957*** (0.3927)	3.6649*** (0.2495)	4.3225*** (0.2574)
標 本 数	751	751	751	751
Adj. R²	0.3460	0.2304	0.4930	0.3159

注：***は1%有意，**は5%有意，*は10%有意，括弧内は標準誤差。
出所：筆者作成。

有意となっており，係数の符号も正である。このことから，これらの目的別歳出についても，歳出総額と同様にコンパクト度が1人当たり費用に影響を与えていることが示された。

衛生費と土木費，消防費，教育費などの費用は，市の中心部で供給されるサービスではなく，居住地において供給されるサービスである。居住エリアが拡がっていれば，そのサービス・コストも大きくなる。この結果は，衛生費と土木費，消防費，教育費において，人口が集中して分布しているほど，または分布している面積が小さいほどサービスの供給エリアが小さくなり，コストが抑えられるという関係を示していると解釈できよう。さらに，2乗の項も正で有意であることから，コンパクト化が進むにつれてその効果は逓減し，適度なコンパクト度が存在することも明らかとなった。

それ以外の説明変数については，費目によっては有意とならなかった変数や5%や10%水準で有意となった変数もある。とくに，中核市ダミーと町村ダ

表 1-4　NSD の 1 人当たり細目歳出への影響（2015 年）

	道路橋りょう費(1)	道路橋りょう費(2)	小学校・中学校費
ln NSD	0.7123*** (0.0472)	0.6916*** (0.0423)	0.2336*** (0.0494)
(ln NSD)²	-0.0352 (0.0358)		0.1413*** (0.0374)
ln（人口）	-0.0680* (0.0360)	-0.0689* (0.0360)	-0.0224 (0.0376)
ln（65歳以上人口割合）	-0.3876*** (0.1270)	-0.3981*** (0.1265)	-0.4390*** (0.1327)
ln（昼夜間人口比率）	0.9277*** (0.2057)	0.9524*** (0.2041)	0.4310** (0.2150)
政令市ダミー	0.8843*** (0.1342)	0.8742*** (0.1338)	-0.0195 (0.1403)
中核市ダミー	0.1163 (0.0874)	0.1158 (0.0874)	0.0684 (0.0913)
町村ダミー	-0.0491 (0.0689)	-0.0426 (0.0686)	-0.0072 (0.0720)
定　数	2.6087*** (0.4328)	2.5960*** (0.4326)	2.3701*** (0.4525)
標 本 数	751	751	751
Adj. R²	0.4867	0.4867	0.1294

注：***は 1% 有意，**は 5% 有意，*は 10% 有意，括弧内は標準誤差。
出所：筆者作成。

ミーは衛生費，教育費を除いて有意とはならなかった。

6.3　細目歳出への影響に関する推定結果

　前項の目的別歳出の中には管理費や総務費といったコンパクト化の影響を受けないと考えられるものも含まれている。そこで，よりコンパクト化と関係が深いと考えられる細目について追加の分析を行った。土木費の中に含まれる道路橋りょう費と，教育費の中に含まれる小学校・中学校費の 1 人当たり細目歳出に関する推定結果が，表 1-4 に示されている。

　まず，道路橋りょう費において，NSD は 1% 水準で有意となった（道路橋りょう費(1)）が，2 乗の項は有意とならなかった。そこで，2 乗の項を除いたモデル（道路橋りょう費(2)）でも分析を行ったが，ほぼ同様の結果となった。両モデルとも NSD の係数は正で，NSD が大きくなるほど 1 人当たり道路橋りょ

図1-2 NSDのヒストグラム

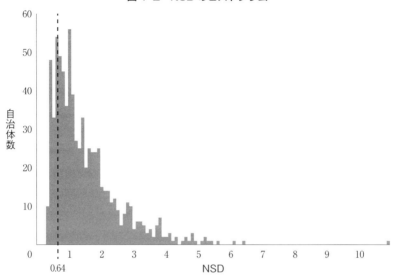

出所：総務省（2015）「地域メッシュ統計」をもとに筆者作成。

う費は増加することが示された。

次に，小学校・中学校費において，NSDおよびその2乗の項は1%水準で有意となっており，係数の符合も正である。この結果から，居住エリアごとや面的に必要となるサービスにおいては，コンパクト化（NSDの低下）が1人当たり歳出を減少させることがわかる。

6.4 最小効率規模

本章の推定結果（表1-2のモデル1）によれば，1人当たり歳出総額が最小となるNSDは0.64と計算される。図1-2にはNSDのヒストグラムが示されている。このうちの約85%の641市町村でNSDが0.64よりも大きく，現状よりもコンパクトになることで1人当たり歳出総額の低下が可能であることが示唆される。

同様に，1人当たり目的別歳出が最小となるNSDについては，（表1-3の衛生費より）衛生費が0.52，（表1-3の土木費より）土木費が0.21，（表1-3の消防費より）消防費が0.25，（表1-3の教育費より）教育費が0.49となった。細目に

ついては，（表1-4の小学校・中学校費より）小学校・中学校費が0.44となった。なお，道路橋りょう費はNSDの2乗の項が有意でなく，U字型とはいえないため算出していない。

　衛生費，土木費，消防費，教育費および小学校・中学校費を最小化するNSDは，1人当たり歳出総額を最小化するNSDよりも小さくなっている。このことから，これらの費目は，NSDが小さいほど1人当たり歳出額が減少する領域が広い，すなわち，コンパクト化の効果がより広範囲な自治体で発揮される費目といえる。

7. インプリケーション
　　──歳出の視点から見たコンパクト化の意義

　本章では，序章で定義されたNSDを都市のコンパクト度を示す指標として用いて，都市のコンパクト化が基礎自治体の1人当たり歳出に与える影響を分析した。

　NSDは，序章でも述べたように，基礎自治体を約1km四方のメッシュに分け，その人口分布の中心から各メッシュまでの距離を各メッシュの人口で加重平均することで算出したSD（標準距離）を，人口規模を考慮するように修正した指標である。この値が小さいということは，それだけ多くの人が中心部に居住していることを示し，都市がコンパクトであることを示している。

　分析の結果，NSDに関して1人当たり歳出総額はU字型となっており，1人当たり歳出総額が最小となるNSDが存在することが示された。つまり，コンパクト化が進むにつれてその効果は逓減し，適度なコンパクト度が存在することが明らかとなった。そして，1人当たり歳出総額が最小となるNSDよりもコンパクトでない自治体が全体の85％もあり，それらの自治体では現状よりもコンパクトになることで歳出総額が低下することが示唆される。

　また，目的別歳出のうちの衛生費，土木費，消防費，教育費および細目歳出のうち道路橋りょう費と小学校・中学校費について同様の分析をしたところ，それぞれの1人当たり歳出が最小となるNSDが歳出総額での分析におけるNSDよりも小さいことがわかった。つまり，これらのサービスにおいて都市のコンパクト化の効果がより広範囲の市町村で発揮されるといえる。

今後の人口減少を考慮すると，基礎自治体の公共サービス提供のための1人当たり費用は増加する可能性が高い。本章の結果からは，都市構造を再構築する上での歳出面における都市のコンパクト化の意義を確認できた。今後，財政の視点から効果的な都市の空間経営が期待される。

* 　本章は，竹本ほか（2019a）をベースに，大幅に加筆・修正したものである。

注
1 　原田・川崎（2000）は，人口の多い市のみのグループでは1人当たり歳出に関する分析で人口が有意でないことを指摘している。
2 　総務省（2015）「地域メッシュ統計」https://www.stat.go.jp/data/mesh/index.html

参 考 資 料
総務省（2015）「地域メッシュ統計」https://www.stat.go.jp/data/mesh/index.html

第2章

自治体の歳入への影響
コンパクト化は固定資産税収（地価）を増やすのか？

本章のポイント

「コンパクトシティ」（都市のコンパクト度が高い自治体）では，住民の利便性の増大や経済活動の活発化を通じて地価の上昇がもたらされ，コンパクト度の低い自治体より固定資産税収が多くなっている可能性がある。すなわち，コンパクト化は自治体の1人当たり歳入を増加させると考えられる。

そこで，本章では，序章で示されたNSD（基準化された標準距離）を，都市のコンパクト度を示す指標として用いて，都市のコンパクト化が基礎自治体の歳入に与える影響を分析する。さらに，固定資産税の背後にある地価の変化をミクロの視点から捉え，コンパクト化の影響と，その大きさに違いがあるかを，NSDや住宅地と商業地の用途別，都市の中心からの距離別に分析する。

分析の結果，①都市のコンパクト度が高い自治体ほど市街地面積当たり固定資産税収は大きいことが示された。すなわち，コンパクト化によって歳入が増加する可能性のあることが明らかとなった。さらに，②コンパクト度が上昇すると地価が上昇することが示された。そして，その際の地価の上昇幅は，③コンパクト度が高い都市ほど大きい，④住宅地よりも商業地の方が大きい，⑤都市の中心点に近接した地域では大きいことが示された。

したがって，第1章の歳出面の分析と合わせて考えれば，都市のコンパクト化による都市の効率的な空間経営を通じて，財政支出の合理化による負担軽減に加え，地価上昇および税収増加により，財政の改善と都市住民の効用増大を両立させるというウィン・ウィンのシナリオが成立することを示唆している。

1. はじめに

　都市のコンパクト化は，住民の利便性を高めるだけでなく，自治体の財政にも影響を与えることが考えられる。第1章では歳出面に着目し，コンパクトな都市となることで，1人当たり歳出は低下する可能性が示された。本章では，歳入面に着目する。都市のコンパクト化により，集約のメリットが混雑のメリットを上回れば，都市の住民の利便性は増大するとともに，経済活動も活発化するであろう。その果実は，資本化を通じて，地価の上昇につながると考えられる。その結果，固定資産税収は増加し，自治体の歳入の増額につながることが考えられる。

　そこで，まずは都市のコンパクト度が自治体財政の歳入面に与える影響を，固定資産税収の変化に着目して分析し，コンパクト化の効果を評価する。固定資産税は自治体の基幹税でもあり，財政に与える影響は大きい。

　固定資産税収が変化する背景には，固定資産税の基礎として算定される地価が，コンパクト度から影響を受けることが考えられる。コンパクト度と地価の関係は，以下のように説明できる。「コンパクト度の高い都市」は，市街地がより狭い範囲に限定され，公共施設へのアクセスが容易になり，住民への効率的な行政サービスの提供が可能になる。行政サービス以外でも，病院や商業施設等も住居から短い距離に立地するので，住民はこれらの施設に容易にアクセスでき，生活の利便性が向上する。さらに，経済活動の点からも，相互に短い距離に多くの事業者が存在することは，取引や情報交換を活発化させ，経済活動を活性化させる可能性がある。Fujita and Thisse（2013）は，都市が高密度と近接性を必要とする理由を経済主体間の相互交流に求めている。基本的な投入物となる情報を得る上で情報の交換は企業活動にとって必要であるため，相互交流はそれぞれの企業に正の外部性をもたらす。一方で，距離は相互交流の障害となるため，インターネットの時代でさえ，情報は距離減衰効果（distance-decay effects）を受けることを指摘している。

　こうした生活の利便性向上・経済活動の活性化の効果は，行政サービス，生活や経済活動が行われる場所の地価に反映されると考えられる。基本的に，住民移動がスムーズである限り，地価は都市の利便性を反映したものとなる。す

なわち，地価は，コンパクトシティの形成に向けた政策を実施する上での判断要素になる。コンパクト化による集約効果が混雑効果を上回れば，地価は上昇し，その結果，固定資産税収も上昇すると考えられる。

この流れの中で，地価は重要な役割を果たしている。したがって，固定資産税収に対する影響に加え，背後にある地価に対する影響を分析することにも意味があると考えられる。地価に着目するメリットは，固定資産税収への影響のメカニズムを探るだけではなく，ほかにも存在する。固定資産税収は，各自治体においてその総額しか把握できないのに対し，地価は，都市内の各地点で評価できるからである。すなわち，都市内の各地点での影響，およびその違いを，用途（住宅地，商業地）別および都市の中心からの距離別に分析することによりコンパクト化を通じた固定資産税の増収効果のメカニズムをミクロの視点からも明らかにすることができる。本章の分析の貢献は，この点にもある。

本章では，人口密度の高さと人口の中心部への近接性を正確に把握するため，都市のコンパクト度を示す指標として序章で提案された NSD を使用し，コンパクト度の固定資産税収への影響に加え，地価への影響も分析する。コンパクト度の違い，住宅地と商業地の用途の別，さらには都市の中心点からの距離区分別に，影響を把握する。

本章は以下のように構成される。次節では先行研究とその限界を，第3節では本章の新規性を，第4節では理論メカニズムと本分析での仮説を説明する。続く第5節では推定モデルとデータを，第6節では推定結果を述べる。最後に，第7節でインプリケーションをまとめる。

2. 先行研究とその限界

都市のコンパクト化による財政への影響は，歳出面についての研究がほとんどで，固定資産税収を含む歳入面については，コンパクト度と歳入内訳の相関分析をした小野・井田（2017）を除いて見当たらない。ただし，関口（2012）は公示地価とコンパクト度の関係を推計し，それに固定資産税率を掛けるなどして限界税収を求めている。このように固定資産税の背後には地価があるが，それについては理論と実証両面から多くの要因分析が行われてきた。以下では，本章ととくに関連が深い，地価の分析に関する先行研究を紹介する。

それらの研究は，大きく2つに分けられる。第1は，個別不動産の都市の中心部からの距離を要因として取り上げた研究であり，第2は，人口密度を要因として取り上げた研究である。ただし，前者は同じ都市内の異なる不動産の地価を説明する要因であるのに対して，後者は異なる都市の地価全般を説明する要因であることに注意が必要である。

2.1　個別不動産の中心部からの距離

都市の中心部からの距離が個別不動産の地価に与える影響に関しては，Alonso（1964），Mills（1972），Muth（1969）が理論モデルを提示している。そのモデルでは，都市の中心に商業業務活動を行う中心業務地域（CBD：central business district）が存在し，郊外部に居住する住民がそのCBDに向けて通勤し，そこで就業する。その場合には，それぞれの土地からCBDまでの距離が近いほど移動のコストが安くなり，CBDに近いほど土地の価格が高くなる。これを踏まえて，実証分析ではRosen（1974）をはじめとした研究において，複数の説明変数をもとに地価を含めた不動産価格を推定するヘドニック分析が行われ，その中の説明変数の1つにCBDからそれぞれの土地までの距離や電車による所要時間が採用されている。

日本の地価についても，山鹿ほか（2002）や沓澤ほか（2007）の研究において，東京駅からそれぞれの住宅地の最寄り駅までの所要時間を説明変数として採用している。国土交通省が毎月の全国の不動産価格の指数を公表している「不動産価格指数」を算出する際にも，説明変数として，それぞれの都道府県庁所在都市の中心駅からそれぞれの不動産の所在する大字等の中心地までの直線距離を説明変数としている。

ただし，これらの先行研究は，個別不動産の中心部からの距離がそれぞれの地価に与える影響を分析しており，1つの都市の地価全体に与える影響を分析しているわけではない。つまり，先行研究での距離は，同じ都市内の異なる不動産の地価を説明する要因として捉えられており，次項2.2で説明する「人口密度」のような自治体の地価全般に影響を与える要因として取り扱っているわけではない。

さらに，クロスセクションのデータを前提とするヘドニック分析では，不動産価格に影響する変数をすべて把握することが困難となる過小変数バイアスが

第2章　自治体の歳入への影響　33

発生する懸念があり，パネルデータを用いた固定効果分析で不動産価格を分析することがより妥当である。

2.2　都市の人口密度

本章の問題意識と同様に，都市全体の人口配置の状態が，その都市の地価全般に影響を与えている点に着目した研究として，都市の人口密度を用いた研究がある。都市の人口密度が大きい場合には，いわゆる「集積の経済性」により経済活動の活性化が生じ，その効果が不動産価格に影響する可能性があるからである。

関口（2012）は，日本のDIDを有する都市を対象に，DIDを500m四方のメッシュに分け，その人口密度がメッシュ内にあるポイントの公示地価に与える影響を分析し，人口密度が高いメッシュ内の公示地価が高いことを示している。Albouy and Lue（2015）は，アメリカの都市を対象に，人口密度によってエリアをいくつかの層に区分し，人口密度の高い地域の家賃が高くなることを示している。Combes et al.（2018）は，フランスの都市を対象に人口密度が住宅価格，土地価格，家賃に与える影響について固定効果分析等を使って検証した。その結果，人口密度が大きくなるほど家賃に正の影響を与えることを示し，人口規模の大きな都市ほどその影響が大きいことも明らかにしている。

ただし，これらの研究は，都市全体あるいは特定エリアの人口密度が地価に与える影響の分析であり，人口が都市の中心部に偏在しているかどうかは考慮されていない。人口分布が中心部に偏っている都市の場合，同じ人口密度で中心部に偏っていない都市に比べて，中心部に集中している分だけ住民相互の距離が短くなり，行政サービスの提供の効率化，生活する上での利便性の向上，経済活動の活性化につながる可能性がある。こうした影響は，既往の研究で使用した「人口密度」の変数だけで評価することは困難であり，「人口分布の近接性」と「人口密度」の双方の要素を備えた「都市のコンパクト度」の指標を用いることにより，正しい評価が期待できる。また，この2つの要素は，ともに住民相互の距離が短くなることで地価に影響を及ぼすものであり，別々の指標で評価するよりも，1つに統合された指標で評価することが妥当であると考えられる。

3. 本章の新規性

　本章では，都市のコンパクト度が市街地面積当たり固定資産税収および地価へ与える影響を検証する。その際に「都市のコンパクト度」を的確に評価し分析を行うため，序章で提案した NSD を用いる。
　これまでに上記の検証を目的としてこの指標を用いた研究はなく，ここに新規性がある。この指標は，個別不動産の都市中心部への近接性や人口密度の性格を兼ね備えている特徴があり，本章の狙いであるコンパクト化の歳入（固定資産税収）への効果，さらにはその背後にある地価への影響を捉える指標として適切である。また，パネル分析を行うことで，各地点のサンプルの固定効果を取り除いた分析を行う。
　以上より，的確な指標を活用しパネル分析を行うことで，都市のコンパクト化が歳入（固定資産税収）や都市の利便性の経済的価値を表す地価にどのような影響を与えるのかを的確に検証することができるという点で，本章は，都市のコンパクト化がもたらす効果の評価に資すると考えられる。

4. 理論メカニズムと仮説

4.1 理論メカニズム

　以下では，序章で提示された NSD が地価に与える影響についてのメカニズムを提示する。効用は，居住者の消費水準（c_i），住宅規模・立地・構造の属性（q_i），行政サービス水準（k），都市のアメニティ（A）のそれぞれから得られると仮定する。よって，居住者 i の効用は以下の式 (2-1) のとおりとなる。

$$U^i = U^i(c_i, q_i, k, A) \tag{2-1}$$

また，居住者 i は，賃金 w_i を受け取り，財・サービス（c_i）を購入し，規模・立地・構造の属性（q_i）を有する住宅の居住サービス対価（r）を支払う。したがって居住者の予算制約式は，$c_i + r = w_i$ と表される。ここで，この予算制約式を c_i を消去する形で効用関数に代入し，人口が完全移動する仮定を置き U^i が一定であるとして，全微分すれば，以下の式 (2-2) を得る。

$$dr = \frac{U_k^i}{U_c^i}dk + dw_i + \frac{U_A^i}{U_c^i}dA \tag{2-2}$$

ここで，NSD が小さくなり，コンパクト度が上昇したとしよう。その結果，公共サービスの効率化がなされれば，行政のサービス水準が改善し dk がプラスに動き，また，利便性が向上し都市のアメニティが上昇すれば dA がプラスに動き，さらには地域が活性化し都市の生産性が向上すれば，賃金上昇により dw がプラスに動くことになる。すなわち，コンパクト度が高まれば，この3つのルートを通じて，dr にプラスの影響を与え，居住サービス対価は上昇することになる。居住サービス対価の上昇は，地価の上昇につながる。この地価の上昇は，地価をベースに徴収される単位当たり固定資産税の上昇につながる。

4.2　仮説──コンパクト化は固定資産税収を増やすのか

前項の理論メカニズムを踏まえ，「コンパクト化は固定資産税収を増やすのか」という大きな問いに対して，具体的には以下の仮説を検証する。

仮説1：都市のコンパクト度が高い自治体ほど，「市街地面積当たり固定資産税収」は大きい。

なお，「市街地面積当たり固定資産税収」の定義は次節5.2項で説明する。さらに，税収の背後にある地価に関しては，以下の仮説を検証する。

仮説2：都市のコンパクト度が上昇すると地価が上昇する。

都市のコンパクト度が上昇する（＝NSD の数値が小さくなる）と地価が上昇する。そのように考えられる理由は次のとおりである。コンパクト度が上昇すると，公共施設や病院，商業施設等へのアクセスが改善して，生活の利便性が向上する。さらに，取引や情報交換が活発化して，経済活動の活性化も進むと予想される。そして，その効果が地価に反映されると考えられる。

仮説3：都市のコンパクト度が上昇する際の地価の上昇幅は，コンパクト度の高い都市ほど大きい。

都市のコンパクト度がより高い地域では，生活の利便性向上・経済活動の活性化がより高まる可能性がある。その結果，都市のコンパクト度の上昇による地価の上昇幅は，コンパクト度が高い都市ほど大きくなると推測される。さらに，その上昇幅は，集積のメリットを通じて飛躍的に上昇する可能性がある。

　仮説4：都市のコンパクト度が上昇する際の地価の上昇幅は，都市の商業地と
　　　　住宅地で異なる。

　都市のコンパクト度が上昇することによる地価への反応度合いは，土地の利用目的により異なると考えられる。つまり，より効果が発揮される土地特性のエリアで地価の上昇が大きくなると推測される。

　仮説5：都市のコンパクト度が上昇する際の地価の上昇幅は，都市の人口の中
　　　　心点に近い距離区分の地域ほど大きい。

　都市のコンパクト度が上昇することによる地価への反応度合いは，中心点までの距離によっても異なると考えられる。具体的には，地価の上昇幅は，中心点に近い地域でより大きくなると推測される。

5. 推定モデルとデータ

5.1　推定モデル

5.1.1　固定資産税収への影響に関する推定モデル

　仮説1を検証するために，自治体の市街地面積当たり固定資産税収を被説明変数，NSDなどを説明変数とした回帰分析を，以下の式（2-3）を用いて行う。

$$\ln \frac{T_i}{S_i} = \alpha + \beta \ln NSD_i + \Sigma_j \delta_j x_{ji} + \varepsilon_i \qquad (2\text{-}3)$$

ここで，T_i は自治体 i の固定資産税収，S_i は市街地面積，NSD_i は NSD（基準化された標準距離），x_{ji} はコントロール変数であり，人口，15歳未満人口割合，65歳以上人口割合，昼夜間人口比率，政令指定都市ダミー，中核市ダミー，町村ダミーを表している。ε_i は誤差項で，標準的な線形回帰モデルの性質を満

たすとする。

5.1.2 地価への影響に関する推定モデル1（ベースモデル）

本項では，都市のコンパクト度が地価に与える影響を明らかにするため，下記の式（2-4）を基本モデルとして，平方メートル当たりの地価を被説明変数とした固定効果分析を行い，仮説2を検証する（モデルⅠ）。

$$\ln P_{it} = \beta \ln NSD_{it} + \Sigma_k \gamma_k q_{it}^k + \Sigma_l \delta_l x_{it}^l + \mu_i + \tau_t + \varepsilon_{it} \tag{2-4}$$

ここで，i は「地価公示」，「都道府県地価調査」に示された地価ポイント，P_{it} は地価ポイント i における t 時点での平方メートル当たりの価格，NSD_{it} は地価ポイント i が属する都市における t 時点での NSD である。q_{it}^k は i の地点が t 時点において有する属性（k は属性の種類），x_{it}^l は地価ポイント i が属する都市が t 時点に有する属性（l は属性の種類），である。μ_i は個体効果，τ_t は時間効果，ε_{it} は誤差項を表す。

なお，地価に影響を与える要素として，周辺の大都市へ通勤する利便性の変化も考えられるが，それぞれの地点から東京都区部や大都市への距離は分析対象期間を通じて不変であり，パネルデータの固定効果分析で説明変数に入れることはしない[1]。周辺の都市の影響に関しては，昼夜間人口比率を考慮することで対応する。

5.1.3 地価への影響に関する推定モデル2（コンパクト度のサイズ別分析，非線形分析）

本項では，NSD の数値が小さい（コンパクト度が高い）都市の方が数値の大きい都市より地価に与える影響は大きいかどうか，NSD のサイズ別の分析を下記の式（2-5）により行い，仮説3を検証する（モデルⅡ-1）。

$$\ln P_{it} = \Sigma_j \beta_j \ln NSD_{it} \times w_j + \Sigma_k \gamma_k q_{it}^k + \Sigma_l \delta_l x_{it}^l \\ + \mu_i + \tau_t + \varepsilon_{it} \tag{2-5}$$

ここで，w_j は，NSD サイズ別区分 j（平均値 μ から平均値±標準偏差×0.5 までの幅，平均値±標準偏差×0.5 から平均値±標準偏差×1 までの幅，平均値＋標準偏差×1 以上）のダミー変数である[2]。

この分析の結果，NSD の数値の大小により，地価への影響が変わるのであれば，その NSD の地価への影響は非線形である可能性がある。したがって，

2乗項を加えて分析することも有用である。そこで，その分析を式（2-6）によって行う（モデルⅡ-2）。

$$\ln P_{it} = \beta_1 \ln NSD_{it} + \beta_2 (\ln NSD_{it})^2 + \Sigma_k \gamma_k q_{it}^k + \Sigma_l \delta_l x_{it}^l$$
$$+ \mu_i + \tau_t + \varepsilon_{it} \tag{2-6}$$

5.1.4　地価への影響に関する推定モデル3（用途別分析）

住宅地と商業地では地価の形成メカニズムが異なることが想定されるため，NSDの影響の程度は，その敷地の利用形態（用途）により異なることが予想される。本項では，地価ポイントの住宅地，商業地の用途ごとにNSDの影響が異なるかどうかの分析を下記の式（2-7）により行い，仮説4を検証する（モデルⅢ-1，Ⅲ-2）。

$$\ln P_{i(r)t} = \beta \ln NSD_{i(r)t} + \Sigma_k \gamma_k q_{i(r)t}^k + \Sigma_l \delta_l x_{i(r)t}^l$$
$$+ \mu_{i(r)} + \tau_t + \varepsilon_{i(r)t} \tag{2-7}$$

ここで，rは，その地価ポイントの土地の用途区分（住宅地は$r=1$，商業地は$r=2$）の変数である。すなわち$i(1)$は住宅地に属する地価ポイント，$i(2)$は商業地に属する地価ポイントを示す。

5.1.5　地価への影響に関する推定モデル4（都市の中心点からの距離区分別分析）

本項では，NSDが地価に与える影響について，都市の中心点からの距離区分ごとに異なるのかどうかの分析を下記の式（2-8）により行い，仮説5を検証する（モデルⅣ-1）。この分析を行うために，都市の中心点からの距離を標準距離で除した数値を「距離比率」と定義し，その距離比率の幅（0から1，1から2，2から3，3以上に区分）ごとに作成したダミー変数とNSDとの交差項を説明変数とした。

この分析は，コンパクト度が上昇することによる地価への影響は，同じ都市の中でも人口がより集中し経済社会活動がもともと活発な都市の中心部の方が，郊外部より大きいのではないかという仮説を検証するためのものである。その際，どの程度都市の中心部から郊外部までの距離が離れているかを測り，距離区分を設定する。ただし，絶対距離により距離区分を設定した場合，人口や面積規模の大きな都市と小さな都市との間では中心部から郊外部までの距離が異なり，正確な比較ができない。そこで，都市の中心点からの距離を都市の中の

人口のばらつきの度合いを示す標準距離で除して距離比率を求め，その距離比率の幅ごとのダミー変数を作成した．

$$\ln P_{it} = \Sigma_j \beta_j \ln NSD_{it} \times Z_j + \Sigma_k \gamma_k q_{it}^k + \Sigma_l \delta_l x_{it}^l \\ + \mu_i + \tau_t + \varepsilon_{it} \quad (2\text{-}8)$$

ここで，Z_j は「距離区分(j)」（距離比率1未満，1以上2未満，2以上3未満，3以上）のダミー変数である．また，距離区分ごとのダミー変数が地価へ与える影響は住宅地と商業地とでは異なることが想定されることから，下記の式（2-9）により用途区分(r)ごとの分析を行う（モデルⅣ-2）．

$$\ln P_{i(r)t} = \Sigma_j \beta_j \ln NSD_{i(r)t} \times Z_j + \Sigma_k \gamma_k q_{i(r)t}^k + \Sigma_l \delta_l x_{i(r)t}^l \\ + \mu_{i(r)} + \tau_t + \varepsilon_{i(r)t} \quad (2\text{-}9)$$

これらの距離区分別のNSDが地価に与える影響に関する分析については，住宅地と商業地も含めて，NSDの2乗項を加えた式（2-10），式（2-11）により分析を行う（モデルⅤ-1，Ⅴ-2）．

$$\ln P_{it} = \Sigma_j \beta_{j_1} \ln NSD_{it} \times Z_j + \Sigma_j \beta_{j_2} (\ln NSD_{it})^2 \times Z_j + \Sigma_k \gamma_k q_{it}^k \\ + \Sigma_l \delta_l x_{it}^l + \mu_i + \tau_t + \varepsilon_{it} \quad (2\text{-}10)$$

$$\ln P_{i(r)t} = \Sigma_j \beta_{j_1} \ln NSD_{i(r)t} \times Z_j + \Sigma_j \beta_{j_2} (\ln NSD_{i(r)t})^2 \times Z_j \\ + \Sigma_k \gamma_k q_{i(r)t}^k + \Sigma_l \delta_l x_{i(r)t}^l + \mu_{i(r)} + \tau_t + \varepsilon_{i(r)t} \quad (2\text{-}11)$$

5.2　データ

5.2.1　固定資産税収への影響に関する推定に用いるデータ

固定資産税収への影響に関する推定においては，福島県内を除く[3] 2015年時点で人口3万人以上の751市町のデータを用いる．ただし，東京都区部は第1章の分析対象と同様に除いている．まず，被説明変数の定義とデータの出典について説明する．市街地面積当たり固定資産税収は，各自治体の固定資産税収を市街地面積で除した値で，固定資産税収は2015年度の「地方財政状況調査個別データ」に掲載された純固定資産税の現年課税分調定済額，市街地面積は可住地面積から耕地面積を除いた面積である．可住地面積は総面積から林野面積と主要湖沼面積を除いた面積で，総面積の出典は「平成27年国勢調査」，林野面積と主要湖沼面積は国土交通省「平成27年全国都道府県市区町村別面積調」，耕地面積は農林水産省「2015年農林業センサス」である．

次に，説明変数の定義とデータの出典について説明する．コンパクト度に関

表 2-1　基本統計量（固定資産税収など）

	標本数	平　均	標準偏差	最小値	最大値
市街地面積当たり固定資産税収（単位：円／ha）	751	1,659,052	1,741,149	91,430	13,760,300
NSD	751	1.5459	1.0762	0.3414	10.9644
人口（単位：人）	751	140,615	259,658	30,061	3,724,844
15 歳未満人口割合	751	0.128	0.017	0.071	0.207
65 歳以上人口割合	751	0.278	0.049	0.151	0.446
昼夜間人口比率	751	0.952	0.085	0.738	1.317

出所：総務省「市町村別決算状況調」「地方財政状況調査」「平成 27 年全国都道府県市区町村面積調」「国勢調査」「2015 年農林業センサス」をもとに筆者作成。

する指標は，序章で提案された NSD を用いる。人口と 15 歳未満人口割合，65 歳以上人口割合の出典は「平成 27 年国勢調査」，昼夜間人口比率は昼間人口を国勢調査人口で除した値で，昼間人口の出典は「平成 27 年国勢調査」である。

　これらの推定に用いるデータの基本統計量は，表 2-1 に示されている。

5.2.2　地価への影響に関する推定に用いるデータ

　地価への影響に関する推定においては，1995 年度，2000 年度，05 年度，10 年度，15 年度の 5 年度分の延べ 23 万 3205 の地点のデータを用いる。まず被説明変数は「地価公示」および「都道府県地価調査」の平方メートル当たりの地価である。このうち，「地価公示」については，毎年 1 月 1 日時点の土地価格を国土交通省から委嘱を受けた評価員が評価し，同年 4 月に国土交通省から公表する。「都道府県地価調査」も同様に，毎年 7 月 1 日時点で評価員が調査した地価を同年 10 月に都道府県知事が公表する。それぞれの地価の地点数は，1995 年度から 2015 年度までに「地価公示」ではおおむね 2 万 6000 地点から 3 万 1000 地点，「都道府県地価調査」ではおおむね 2 万 1000 地点から 3 万地点で推移している（2015 年において「地価公示」は 2 万 6000 地点，「都道府県地価調査」は 2 万 1000 地点）。本分析では，これらの地価データから市街地とはいえない林地を除いた 2015 年時点で人口 3 万人以上の市町（東京都区部は 1 つの都市として分析対象とする）内の地価ポイントを対象とする。

第 2 章　自治体の歳入への影響　　41

表2-2　基本統計量（地価など）

	標本数	平　均	標準偏差	最小値	最大値
地価（万円／m²）	233,205	17.3621	43.5677	0.0480	2000
SD（標準距離）	233,205	5.5759	2.5207	0.9608	19.9491
NSD	233,205	1.1471	0.8643	0.3277	10.9644
昼夜間人口比率	233,205	1.0191	0.0920	0.8022	1.7427
距離比率0～1の割合	233,205	0.6683	0.4708	0	1
距離比率1～2の割合	233,205	0.3026	0.4594	0	1
距離比率2～3の割合	233,205	0.0230	0.1500	0	1
距離比率3～の割合	233,205	0.0061	0.0775	0	1

出所：総務省「国勢調査」；国土交通省「地価公示」「都道府県地価調査」をもとに筆者作成。

　次に，説明変数はNSDのほか，(1)地方自治体単位の変数，(2)地価データの対象となったポイント固有の変数である。このうち，(1)地方自治体単位の変数としては，①15歳未満人口割合，65歳以上人口割合，②昼夜間人口比率，③政令指定都市，中核市，特例市，市に属するかどうかのダミー変数，④住民1人当たりの税収，交付金額，分担金・負担金，地方債発行額，国庫支出金を使用している。これらの数値は，「国勢調査」「市町村別決算状況調」によっている。(2)地価データの対象となったポイント固有の変数としては，①土地の利用区分（土地利用区分ダミー〔都市計画上の市街化区域，市街化調整区域，都市計画区域〈市街化区域と市街化調整区域を除く〉，都市計画区域外〕，防火地域ダミー，準防火地域ダミー，土地の用途ダミー〔住宅地，商業地，工業地〕），②土地における法規制（用途地域規制ダミー，建ぺい率，容積率），③敷地・建物の属性（敷地面積，形状ダミー〔台形，不整形〕，建物の構造ダミー〔木造，鉄筋コンクリート，鉄筋鉄骨コンクリート造〕，間口と奥行の比率，地上・地階の数），④前面道路の属性（道路の種類ダミー〔市道，県道，国道〕と方位ダミー〔8方位〕，道路幅員，側道の種類ダミー〔側道・三斜路・後背路〕と方位ダミー〔8方位〕），⑤給排水等状況（ガス，水道，下水道の各ダミー），⑥最寄り駅までの距離からなる。
　なお，説明変数のNSDについては，国勢調査のメッシュデータをもとに1995年から2015年までの5年おきの年次の数値を算出した。この数値について，1995年から2015年までに合併した地方自治体については，合併後である2015年時点の行政区域を前提に算出している。

これらの推定に用いるデータの基本統計量は，表2-2に示されている。

6. 推定結果

6.1　固定資産税収への影響に関する推定結果

市街地面積当たり固定資産税収への影響に関する推定結果は，表2-3に示されている。市街地面積当たり固定資産税収について，NSDを説明変数とした回帰分析である。昼夜間人口比率，政令指定都市ダミー，町村ダミーは有意ではないため，これらの変数を除いて回帰分析を行ったものも示している。

NSDの係数はともに負となっており，NSDの値が小さい（＝都市のコンパクト度が高い）自治体の方が，市街地面積当たり固定資産税収の値は大きいことを示している。よって，仮説1は支持された。

表2-3　固定資産税収への影響

	(ln 市街地面積当たり固定資産税収)	(ln 市街地面積当たり固定資産税収)
ln NSD	−1.189*** (0.037)	−1.182*** (0.034)
ln 人口	0.096*** (0.031)	0.085*** (0.022)
ln 15歳未満人口割合	−0.605*** (0.171)	−0.600*** (0.171)
ln 65歳以上人口割合	−0.924*** (0.159)	−0.944* (0.158)
ln 昼夜間人口比率	0.171 (0.175)	
政令指定都市ダミー	−0.081 (0.115)	
中核市ダミー	−0.165** (0.075)	−0.137** (0.068)
町村ダミー	0.041 (0.059)	
定　数	3.735*** (0.604)	3.842*** (0.541)
標本数	751	751
Adj. R^2	0.833	0.833

注：***は1％有意，**は5％有意，括弧内は標準誤差。
出所：筆者作成。

表2-4 地価

	（Ⅰ）用途全体	（Ⅱ-1）NSDサイズ別	（Ⅱ-2）NSD2乗項付き
ln NSD	−0.513*** (0.036)		−1.013*** (0.035)
$\mu-\sigma \sim \mu-0.5\sigma$		−1.115*** (0.038)	
$\mu-0.5\sigma \sim \mu$		−0.974*** (0.038)	
$\mu \sim \mu+0.5\sigma$		−0.253*** (0.037)	
$\mu+0.5\sigma \sim \mu+\sigma$		−0.286*** (0.036)	
$\mu+\sigma \sim$		−0.273*** (0.035)	
$(\ln NSD)^2$			0.755*** (0.021)
昼夜間人口比率	0.542*** (0.032)	0.583*** (0.031)	0.618*** (0.032)
地方自治体単位の変数	Yes	Yes	Yes
地点固有の変数	Yes	Yes	Yes
年次ダミー	Yes	Yes	Yes
標本数	233,205	233,205	233,205
R^2(overall)	0.4271	0.5316	0.5608

	（Ⅲ-1）住宅地	（Ⅲ-2）商業地	（Ⅳ-1）距離区分 全体	（Ⅳ-2）距離区分 住宅地	距離区分 商業地
ln NSD	−0.310*** (0.032)	−1.250*** (0.138)			
距離比率0〜1			−0.520*** (0.035)	−0.321*** (0.031)	−1.242*** (0.136)
距離比率1〜2			−0.501*** (0.036)	−0.290*** (0.032)	−1.261*** (0.147)
距離比率2〜3			−0.486*** (0.040)	−0.307*** (0.037)	−1.203*** (0.155)
距離比率3〜			−0.381*** (0.044)	−0.235*** (0.041)	−1.003*** (0.174)
昼夜間人口比率	0.505*** (0.031)	0.649*** (0.113)	0.542*** (0.032)	0.506*** (0.031)	0.644*** (0.112)
地方自治体単位の変数	Yes	Yes	Yes	Yes	Yes
地点固有の変数	Yes	Yes	Yes	Yes	Yes
年次ダミー	Yes	Yes	Yes	Yes	Yes
標本数	157,758	47,243	233,205	157,758	47,243
R^2(overall)	0.4871	0.5635	0.4257	0.4829	0.5624

注：***は1％有意，*は10％有意，括弧内は頑健な標準誤差。μ, σはNSDの平均値，標準偏差。
出所：筆者作成。

への影響

	(V-1) 距離区分 全体・2乗項付き	(V-2) 距離区分 住宅地・2乗項付き	距離区分 商業地・2乗項付き
ln *NSD*			
距離比率 0〜1	−1.034***	−0.753***	−2.217***
	(0.035)	(0.031)	(0.127)
(2乗項)	0.771***	0.649***	1.476***
	(0.021)	(0.021)	(0.063)
距離比率 1〜2	−0.998***	−0.706***	−2.214***
	(0.036)	(0.031)	(0.133)
(2乗項)	0.768***	0.631***	1.443***
	(0.021)	(0.021)	(0.064)
距離比率 2〜3	−0.848***	−0.551***	−2.029***
	(0.049)	(0.055)	(0.161)
(2乗項)	0.653***	0.479***	1.388***
	(0.037)	(0.046)	(0.091)
距離比率 3〜	−0.300***	−0.090	−1.058***
	(0.105)	(0.112)	(0.266)
(2乗項)	0.291***	0.162*	0.788***
	(0.083)	(0.087))	(0.241)
昼夜間人口比率	0.618***	0.582***	0.654***
	(0.032)	(0.032)	(0.112)
地方自治体単位の変数	Yes	Yes	Yes
地点固有の変数	Yes	Yes	Yes
年次ダミー	Yes	Yes	Yes
標 本 数	233,205	157,758	47,243
R^2(overall)	0.5587	0.5860	0.6292

6.2　地価への影響に関する推定結果１

都市のコンパクト度が平方メートル当たりの地価に与える影響に関する推定結果は，表2-4に示されている。モデルⅠの結果を示す表2-4の（Ⅰ）では，コンパクト度は1％水準で負に有意な結果となり，コンパクト度が上昇（NSDの低下）すると地価が上昇することを示している。したがって，仮説2は支持された[4]。

6.3　地価への影響に関する推定結果２（コンパクト度のサイズ別分析，非線形分析）

都市のコンパクト度が地価に与える影響を，NSDの平均値±標準偏差のサイズ別に分析したモデルⅡ-1の結果は，表2-4の（Ⅱ-1）に示されている。結果では，NSDが小さい，すなわちコンパクト度がより高い区分に属する都市ほど，コンパクト度が地価に与える影響が大きくなることが示されている。この影響は，NSDの数値が平均以下の都市でとくに顕著である。このことは，すでに都市の中心部に人口が集中した都市ほど，コンパクト度が上昇することによる影響をより大きくしていることを示している。この傾向は，NSDの2乗値を説明変数に加えて分析したモデルⅡ-2の結果を示す表2-4の（Ⅱ-2）でも，NSDとその2乗項の係数の数値から，基本的にはコンパクト度が高くなるほど地価上昇への影響は大きくなるということが示されている[5]。したがって，仮説3は支持された。

6.4　地価への影響に関する推定結果３（用途別分析）

コンパクト度の影響を住宅地，商業地の用途別で分析したモデルⅢ-1，Ⅲ-2の結果は，表2-4の（Ⅲ-1）住宅地，（Ⅲ-2）商業地に示されている。この結果では，商業地の方が住宅地より，コンパクト度が地価に与える影響が大きいことが示されている。市街地全体が中心部に集約する際の経済活動の活性化が，商業地により大きく表れた結果と考えられる。したがって，仮説4は支持された。

図2-1 距離区分別の基準化された標準距離の地価への影響

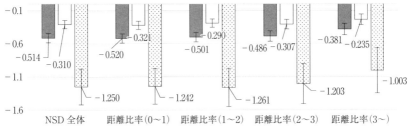

注:縦グラフの長さは係数推定値を示し,その値を中心にした上下の線は95%の信頼区間を表す。
出所:筆者作成。

表2-5 距離区分別推定における係数の差の検定結果

	(Ⅳ-1) 用途全体	(Ⅳ-2) 住宅地	商業地	(Ⅴ-1) 用途全体 2乗項付	(Ⅴ-2) 住宅地 2乗項付	商業地 2乗項付
距離比率0~1と1~2	5%有意	1%有意	有意差なし	1%有意	1%有意	有意差なし
距離比率1~2と2~3	有意差なし	有意差なし	有意差なし	1%有意	1%有意	10%有意
距離比率2~3と3~	1%有意	1%有意	1%有意	1%有意	1%有意	1%有意

出所:筆者作成。

6.5 地価への影響に関する推定結果4(都市の中心点からの距離区分別分析)

距離区分ごとのコンパクト度が地価に与える影響を分析したモデルⅣ-1,Ⅳ-2の推定結果,ならびにNSDの2乗項を加えて分析したモデルⅤ-1,Ⅴ-2の推定結果は,表2-4の(Ⅳ-1),(Ⅳ-2),(Ⅴ-1),(Ⅴ-2)と図2-1に示されている。また,距離区分別の係数の差の検定結果は表2-5に示されている。

モデルⅣ-1の用途全体では,都市の中心点に近い距離区分ほど係数の値が小さい(係数はすべてマイナスの値のため,絶対値では大きくなる)。そのため,都市の中心点に近い距離区分ほど都市のコンパクト度が地価に大きな影響を与えていることを示している。また,同様の分析を住宅地,商業地の用途別で分析したモデルⅣ-2のうち,住宅地において,都市の中心点に近い距離区分ではコンパクト度が地価に大きな影響を与える傾向にあることが示された。しか

し，商業地ではそうした傾向が明確には認められなかった。

モデルⅤ-1，Ⅴ-2の結果も用途全体あるいは住宅地では都市の中心点に近い距離区分ほど相対的にコンパクト度が地価に大きな影響を与えているが，商業地では距離区分0～1と距離区分1～2の係数間には有意な差がないなど中心点に近い距離区分が大きな影響を与える傾向が明確には認められず，モデルⅣ-1，Ⅳ-2と同様の傾向である。また，NSDが小さくなると，基本的に地価が上昇することもモデルⅡ-2と同様である。

用途全体と住宅地については，都市の中心点に近い地域ほど公共サービスの集約化と人口の集約化による経済活性化の影響を強く受ける傾向にあると見受けられるが，商業地に関しては，そうした傾向が明確には認められなかった。したがって，仮説5は，用途全体と住宅地に関しては支持されたが，商業地に関しては支持されなかった。

7. インプリケーション
—— 歳入の視点から見たコンパクト化の意義

先行研究で分析されてきた歳出面に加えて，都市のコンパクト化は土地価格の上昇を通じて，固定資産税の税収を増加させる可能性がある。そこで，本章では，都市のコンパクト度が市街地面積当たり固定資産税収に与える影響を検証した。さらに，そのメカニズムを把握するため，固定資産税収算定の基礎となる地価への影響も詳細に検証した。具体的には，都市のコンパクト度が上昇する（都市がコンパクト化する）ことが公示地価等にどのような影響を与えているかについて，コンパクト度の違い，住宅地と商業地の別，都市の中心点からの距離区分を考慮して，パネルデータによる固定効果分析を行った。

分析の結果，①コンパクト度が高い自治体ほど市街地面積当たり固定資産税収は大きい，②コンパクト度が上昇すると地価が上昇する，③コンパクト度が高い都市ほどコンパクト度の上昇による地価の上昇幅が大きい，④住宅地よりも商業地の方がコンパクト度の上昇による地価の上昇幅が大きい，⑤用途全体あるいは住宅地において，都市の中心点に近接した地域ではコンパクト度の上昇による地価の上昇幅は大きいことが明らかになった。この結果から，コンパクト化によって，行政サービスの集約化，行政へのアクセスの改善による効率

化・生活の利便性向上・経済活動の活性化が進み，その効果が地価や税収に反映されていると推測される。

第 1 章では，都市がコンパクトになれば，都市の中心部へ人口が集中することで行政サービスの供給が効率化され，1 人当たりの財政支出が削減されることが示された。これに対して，本章の分析は，歳入面につながる分析と位置づけられる。すなわち，行政サービスの効率化による住民へのサービス向上や，人口の都市の中心部への集約化による利便性の向上と経済活動の活性化により，地価が上昇し，その結果，歳入（固定資産税収）も上昇することが示唆された。

以上より，以下のインプリケーションが得られる。まず，本章の結果から，公共交通の充実や都市の郊外部での土地利用の抑制，あるいは中心部への居住や諸機能の誘導などの都市政策によって，コンパクト度が高い都市が生まれれば，それにより住民の利便性や経済活性化の便益が大きくなって地価が上昇すること，そして地方財政も改善することがわかった。本章の分析は，その政策の結果，（利便性と経済活性化の効果としての）地価がどの程度上昇し，固定資産税の税収がどの程度増大するかについて，都市政策の効果を定量的に明らかにしているという意味でも意義がある。

また，本章の結果の 1 つとして，都市のコンパクト度が上昇する際の地価の上昇は，モデル IV-1，IV-2 によれば，都市の中心部ほどではないにしても郊外部にまで及ぶことが示された。したがって，たとえば都市のコンパクト化の政策の評価を行う際に，その便益を地価の上昇によって計測する場合には，都市の中心部から郊外部に及ぶ範囲の地価の変化をすべて考慮する必要がある。

* 本章は，竹本ほか（2020）および杏澤ほか（2023）をベースに，大幅に加筆・修正したものである。

注
1 コンパクト度が高いときに地価が高いということは，実は政令指定都市等からの距離が短いことが影響しているのではないかという指摘も考えられることから，東京都区部と政令指定都市からそれぞれの都市までの距離と NSD との相関係数を計測した。2015 年時点の数値で 2 つの変数の相関係数は 0.1594 であり，大きな相関は見られない。
2 この NSD の数値幅はそれぞれ下から 0.283 から 0.715，0.715 から 1.147，1.147 から 1.579，1.579 から 2.011，2.011 以上となる。
3 福島県内には 2015 年時点で人口 3 万人以上の市と町は 13 あるが，東日本大震災の影

響を受けている可能性があるため，これらを分析からは除外した。
4 この固定効果分析の結果に関して，「一方で地価の変化が都市の居住者の住む場所の決定に影響を与える」という逆因果の可能性が懸念されるかもしれない。ただし，地価は，その場所へのニーズが高まり，住民が利便性のため移住したり，経済活動を営む事業者がそこで収益を得るため事業所を開設したりするという状況の下で，土地への需要が高まることで上昇するものである。すなわち，地価は，その利便性や収益性の結果として，移動を伴って決定されるものであり，コンパクト度への効果が生じてから，その後，地価が決まると考えるのが自然である。したがって，コンパクト度が上昇して，住民の利便性や事業者の収益性に影響し，それが地価に影響することは考えられるが，その逆は考えにくく，逆因果の問題は生じないと考えられよう。あえて地価が及ぼす効果として考えられるとすれば，地価の上昇によって，家賃や住宅価格が上昇し，それによって，居住者や事業者が居住や経済活動の場を郊外に移すことはありうる。ただし，その場合には，コンパクト度の上昇と地価とはマイナスの関係を示すはずである。ここで，本章での推定では，コンパクト度の上昇が地価を上昇させる関係が示されており，この推定結果は，上記のマイナスの関係を上回るプラスの関係の存在を示しているといえる。したがって，逆因果の（マイナスの）効果が存在したとしても，プラスの関係の存在を揺るがすことにならないといえる。
5 このモデルでの推定の場合，2次関数による推定のため，全体の4分の3の都市ではコンパクト度が上昇し，NSDが小さくなるにつれて地価が上昇するが，その他の主として地方の小都市では反対の結果となる。

参考資料

国土交通省（2012）「不動産価格指数」
　https://www.mlit.go.jp/totikensangyo/totikensangyo_tk5_000085.html

第2部

コンパクト化が住民に与える影響

> 第2部では，都市のコンパクト化が自治体住民の健康に与える影響をつかむために，第3章で歩行や公共交通の選好，第4章で健康状態とNSDの関係をそれぞれ分析する。「コンパクトシティ」（都市のコンパクト度が高い自治体）では，住民の移動手段として歩行や歩行を伴う公共交通がより選択される傾向にある（第3章）。その結果，住民の健康状態も良好となることにつながっている（第4章）。したがって，都市のコンパクト化は住民の健康を増進し，介護や医療にかかる負担を軽減させることが示唆される。

第3章　住民の移動距離・時間への影響
　　　　——コンパクト化は歩行・自転車・公共交通の利用を増やすのか？

第4章　住民の健康への影響
　　　　——コンパクト化は介護・医療費を減らすのか？

第3章

住民の移動距離・時間への影響
コンパクト化は歩行・自転車・公共交通の利用を増やすのか？

本章のポイント

「コンパクトシティ」（都市のコンパクト度が高い自治体）では、コンパクト度が低い自治体より住民の移動手段として歩行や公共交通が選好されている可能性がある。すなわち、コンパクト化は自治体住民の歩行や公共交通の利用を増やすと考えられる。

そこで、本章では、序章で示されたNSD（基準化された標準距離）を、都市のコンパクト度を示す指標として用いて、都市のコンパクト度と住民の移動距離や手段ごとの移動時間との関係を分析する。

分析の結果、都市のコンパクト度が高い自治体ほど、①住民の移動距離は短く、②歩行や自転車、公共交通の移動時間は長く、③自家用車の移動時間は短いことが明らかとなった。

したがって、本章の分析は、都市のコンパクト化が自治体住民をより健康的な手段による移動に促す効果を持つことを示唆している。そして、このことは住民の健康状態を改善させることにつながるはずである。

1. はじめに

コンパクト化された都市では、住民の移動距離がより短く、その結果として移動手段も自家用車より鉄道やバスなどの公共交通がより選好され、歩行時間もより長くなる可能性が高い（国土交通省，2017〔章末，参考資料〕）。そして、

歩行時間が長いと住民の健康状態は良好となり，自家用車の利用時間が短いと都市の環境負荷が低くエネルギー消費も効率的となる。これらのことは都市（＝基礎自治体の市町村と東京都区部，以下同じ）をコンパクト化することのメリットといえるだろう。そこで，本章は「都市のコンパクト度」と住民の移動距離や歩行などの手段ごとの移動時間の関係を明らかにする。

「健康を意識した都市整備」（谷口ほか，2006, p. 589）という視点から都市構造と住民の歩行の関係は，先行研究でも分析されてきた。谷口ほか（2006）や森ほか（2017）は，人口密度の高い都市では歩行が多いことを明らかにしている。しかし，人口密度が高い都市は大都市であり，市街地が拡がっているために歩行が多い可能性もある。そこで，まずは都市構造と住民の移動距離との関係を見ていくことが重要である。

一方で，人口密度の高さだけでは，歩行が増えたり自家用車の利用が減少したりするメカニズムの説明が難しい。それに対して，都市のコンパクト度が高い場合には次のようなメカニズムが考えられる。人口密度に加えて近接性も考慮に入れた都市のコンパクト度が高い場合には，同程度の人口密度の都市と比べて中心部の近くに住民が居住しており，職場や公共施設までの移動距離が短くなる。移動手段の選択が変化しなければ，移動距離の縮小は歩行や自家用車といった手段ごとの移動時間をすべて短くする（直接効果）。しかし，移動距離の変化は移動手段の選択にも影響する可能性がある。つまり，移動距離が短くなると，移動手段は自家用車から歩行や自転車，公共交通にスイッチングされると予想される。このことは，歩行や自転車，公共交通の移動時間を増加させる要因となり，自家用車の利用時間を減少させる要因となる（間接効果）。間接効果が直接効果を上回るならば，歩行や自転車，公共交通の移動時間は増加し，自家用車の移動時間は減少することになる。つまり，住民の良好な健康状態や低い環境負荷に資する都市整備という視点からは，人口密度だけに注目するのではなく，都市のコンパクト度によって捉えられる都市構造に着目するべきである。

本章では，「人口密度」と「近接性」の2つの要素をあわせもつ指標であるNSDと移動距離の関係を明らかにする。具体的には，移動距離が短くなった場合に公共交通等へのスイッチングが起こり，間接効果が直接効果を上回ったならば歩行や自転車，公共交通での移動時間は長くなるはずである。この関係

を検証するために，都市のコンパクト度と住民の手段ごとの移動時間の関係を分析する。

本章は以下のように構成される。次節では先行研究とその限界を，第3節では本章の新規性を，第4節では理論モデルと本分析での仮説を説明する。続く第5節では推定モデルとデータを，第6節では推定結果を述べる。最後に，第7節でインプリケーションをまとめる。

2. 先行研究とその限界

住民の健康という視点から都市構造と歩行の関係を分析した研究に，谷口ほか（2006）や森ほか（2017）がある。谷口ほか（2006）は，1999年の「全国都市パーソントリップ調査」のデータ[1]等を用いて分析を行った。その結果，人口密度の高い低層住宅地区などで移動の際の歩行数が多く，人口密度の低い住宅区群などでは歩行数が少ないこと，さらに自家用車よりも公共交通を使った際の歩行数が多いことを示した。森ほか（2017）は，2010年の「全国都市交通特性調査」のデータを用いて，居住地域の物理的環境と歩行時間との関係を分析し，人口密度の高い市町村に居住する者ほど歩行時間が長いことを示した。

一方，環境負荷という視点から都市構造と自家用車利用の関係を分析した研究に，湯川（2009）や森本（2011）がある。湯川（2009）は，全国の雇用都市圏を対象に小地域単位のデータを用いて分析を行った。その結果，人口密度が高い地域では自家用車の利用率が低いことを明らかにした。森本（2011）は，1992年の「第2回宇都宮都市圏パーソントリップ調査」のデータを用いて，宇都宮市において市街化区域に住民を集約した場合のCO_2排出量の削減効果を推定した。分析の結果，コンパクト化の効果は確認されたが，公共交通分担率の増加が低いため，その効果は限定的としている。

先行研究では，移動に関係する都市構造を表す指標として都市全体あるいは小単位の地域の人口密度を採用している。しかし，人口分布は都市によって異なっており，人口密度だけでは都市構造を捉えられない。つまり，先行研究の指標では「近接性」が考慮されておらず，住民の移動を分析する際の都市構造を表す指標としては不十分である。そのため，都市構造を的確に捉えた分析は行われていないといえる。

3. 本章の新規性

　本章では，都市のコンパクト化が住民の移動距離・時間に与える影響を検証する。その際に，「都市のコンパクト度」を的確に評価し分析を行うため，序章で提案した「基準化された標準距離」(normalized standard distance：NSD)を用いる。

　これまでに上記の検証を目的としてこの指標を用いた研究はなく，ここに新規性がある。この指標は，都市における居住と中心地との距離や人口の厚みの状況を反映しており，本章の狙いであるコンパクト化が住民の通勤や買い物などを目的とする移動距離・時間に与える影響を捉える指標として適切である。

　以上より，的確な指標を活用し分析を行うことで，都市のコンパクト化が住民の移動距離・時間にどのような影響を与えるのかを的確に検証することができるという点で，本章は，都市のコンパクト化がもたらす効果の評価に貢献できると考えられる。

4. 理論モデルと仮説

4.1　理論モデル

　以下では，序章で提示されたNSDが歩行に与える影響についての理論モデルを提示する。NSDが歩行や自転車，あるいは公共交通機関に与える影響のエッセンスを伝えるために，できる限り簡素化したモデルを構築する。

　この理論モデルでは，以下を仮定する。

(1)　都市の形状は半径 d の円形とする。
(2)　住民の人口は N として，円周上に連続して一様に居住している。
(3)　オフィスなどの就業場所は円の中心（都市の中心）に立地している。
(4)　都市の中心から放射線状に M 本の通勤電車が走っている（隣り合う通勤電車の路線の角度はすべて同じとする）。
(5)　住民は（地物・地形上の事情から）最寄り駅まで円周上を移動し，駅から

都市の中心に電車で通勤する。その際の自宅から最寄り駅までの距離を s とする。

(6) 最寄り駅までの交通手段は，徒歩と車の2つで，効用が最大になるようにどちらかを各住民が選択する。なお，移動のコストが同じで無差別な場合には徒歩を選択する。

(7) 住民が車を選択した場合のコストは，距離にかかわらず一定で，$\bar{C}$（車の維持費や駅の駐車場料金）とする[2]。

(8) 駅までの距離 s の地点に住む住民が，徒歩を選択した場合のコスト $C(s)$ は，$C(0) = 0$，$C\left(\frac{\pi d}{M}\right) \geq \bar{C}$，$C'(s) > 0$ とする。

このとき，この理論モデルから，以下の補題と命題が得られる。

補題1：$s \leq s^*$ のときに徒歩，$s > s^*$ のときに車を選択するような閾値 s^* が存在する。

証明：まず，M 本の鉄道があるため，円周上には M 個の駅が等間隔に存在する。それぞれの駅には，両側からアクセスが可能なため，駅がどちらかの端に立地する $2M$ カ所の同じ長さのエリアに円周は分割できる。円周の長さは $2\pi d$ であるから，各エリアの長さは $\frac{\pi d}{M}$ となり，関数 $C(s)$ の定義域は $0 \leq s \leq \frac{\pi d}{M}$ となる。$\bar{C}$ が一定で，関数 $C(s)$ の形状に関する仮定（$C(0) = 0$，$C'(s) > 0$，$C\left(\frac{\pi d}{M}\right) \geq \bar{C}$）より，$s^*$ は存在する。

補題2：徒歩を選択する住民の数は $(MN/\pi d)s^*$ である。

証明：補題1より，徒歩を選択するのは，各エリアにおいて駅から s^* の距離に住む住民である。よって，都市全体で徒歩を選択するのは，円周上の $2Ms^*$ の長さの住民となる。円周の各地点の人口は，$\frac{N}{2\pi d}$ なので，各駅まで歩いて通勤する住民の数は，$(MN/\pi d)s^*$ となる。

命題：都市のコンパクト度が高い（d の値が小さい）ほど，徒歩を選択する住民の数は多く，その全住民 N に占める割合も高い。

証明：補題2より，d が減少すると，徒歩で駅まで向かう住民の数は多くなる。また，全人口 N は一定であるため，徒歩で駅まで向かう住民の全住民に占める割合も高くなる。

命題は，都市のコンパクト度が高い場合には，徒歩が選択されることを示している。直感としては，コンパクト度が高くなることで，駅に近い距離に住む住民が相対的に多くなり，その結果，徒歩で駅まで向かう住民が増えるからである。

4.2 仮説——コンパクト化は歩行・自転車・公共交通の利用を増やすのか

前項の理論では，駅までの移動手段として徒歩と車の選択をモデル化したが，以下では，より一般的に，目的地までの移動手段として「歩行・自転車・公共交通」と「車」の選択を想定する。そして「コンパクト化は歩行・自転車・公共交通の利用を増やすのか」という大きな問いに対して，具体的には以下の仮説を検証する。

仮説1：都市のコンパクト度が高い（NSD が小さい）都市ほど，平日・休日ともに住民の移動距離が短い。

都市のコンパクト度の高い都市は市街地の範囲が小さいことから，住民のそれぞれの目的地（職場，店舗，最寄り駅など）までの移動距離は短いと考えられる。

仮説2：都市のコンパクト度が高い都市ほど，平日・休日ともに住民の歩行・自転車・公共交通での移動時間が長い。

都市のコンパクト度が高い場合には，移動距離は短いため，移動時間も短くなる（直接効果）と考えられる。一方で，理論モデルで示されたように，移動

手段として，歩行や自転車，公共交通が自家用車よりも選択されやすいため，歩行・自転車・公共交通での移動時間が長くなる（間接効果）と考えられる。仮説2では，間接効果が直接効果を上回ると想定している。

仮説3：都市のコンパクト度が高い都市ほど，平日・休日ともに自家用車の移動時間が短い。

都市のコンパクト度が高い場合には，移動距離は短いため，移動時間も短くなる（直接効果）と考えられる。一方で，理論モデルで示されたように，移動手段として，歩行や自転車，公共交通が自家用車よりも選択されやすいため，自家用車の移動時間は短くなる（間接効果）と考えられる。直接効果と間接効果により，自家用車の移動時間は短いと考えられる。

5. 推定モデルとデータ

5.1 推定モデル

都市のコンパクト度を示すNSDと移動距離（平日・休日）および手段（歩行・自転車・公共交通・自家用車）ごとの移動時間との関係を推定するために，以下の式（3-1）により回帰分析を行う。また，NSDの係数の住民属性による違いについて，式（3-2）により分析を行う[3]。

$$\ln DT_i = \alpha + \beta \ln NSD_{c(i)} + \Sigma_j \gamma_j x_i^j + \Sigma_k \delta_k \ln A_{c(i)}^k + \varepsilon_i \quad (3\text{-}1)$$
$$\ln DT_i = \alpha + \Sigma_s \beta_s q_i^s \ln NSD_{c(i)} + \Sigma_j \gamma_j x_i^j + \Sigma_k \delta_k \ln A_{c(i)}^k + \varepsilon_i \quad (3\text{-}2)$$

ここで，DT_iは住民iの移動距離または手段ごとの移動時間，$NSD_{c(i)}$は住民iが居住する都市cのNSD，x_i^jは住民iの属性jの値，$A_{c(i)}^k$は住民iが居住する都市cの属性kの値，q_i^sは属性別の分析を行う属性sに関するダミー変数である。なお，推定において考慮する住民個人の属性jおよびsは，①年齢層，②性別，③職業（sは①，②，③のみ），④就業形態であり，また，住民が居住する都市の属性kは，⑤昼夜間人口比率，⑥公共交通へのアクセスである。αは定数項およびεは誤差項を表す。

表 3-1 基本統計量

		標本数	平均	標準偏差	最小値	最大値
移動距離（平日）	（単位：100 m）	76,505	139.280	192.268	0	998
移動距離（休日）	（単位：100 m）	72,922	107.799	182.247	0	999
歩行の移動時間（平日）	（単位：分）	76,505	8.611	18.656	0	234
歩行の移動時間（休日）	（単位：分）	72,922	4.480	14.675	0	205
自転車の移動時間（平日）	（単位：分）	76,505	3.745	13.093	0	210
自転車の移動時間（休日）	（単位：分）	72,922	2.023	10.205	0	215
公共交通の移動時間（平日）	（単位：分）	76,505	7.487	24.490	0	260
公共交通の移動時間（休日）	（単位：分）	72,922	3.074	15.517	0	240
自家用車の移動時間（平日）	（単位：分）	76,505	20.397	33.279	0	293
自家用車の移動時間（休日）	（単位：分）	72,922	20.131	34.500	0	290
NSD（基準化された標準距離）		149,427	1.125	0.734	0.328	3.942

出所：国土交通省（2015）「全国都市交通特性調査」をもとに筆者作成。

5.2 データ

本章の分析で用いた平日・休日別の移動距離と手段ごとの移動時間，NSDの記述統計は表 3-1 に示されている。移動距離と手段ごとの移動時間は個人別の値であるが，NSD は各標本が居住する都市について算出した値で，同じ都市に居住する個人はすべて同じ値である。

本章では住民の良好な健康状態や低い環境負荷に資する都市構造を分析することが目的であるから，単に歩行が選択される割合が高くなったとしても歩行距離や歩行時間そのものが短くなったのでは意味がない。そのため，移動手段ごとの移動時間の合計に占める割合ではなく，森ほか（2017）などと同様に移動時間を被説明変数とする。

被説明変数の移動距離[4]や歩行，自転車，公共交通，自家用車の各移動時間は，2015 年の「全国都市交通特性調査」のデータをもとに作成した。同調査の個票データには，選定された都市の「住民基本台帳」から抽出した世帯を対象に，個人別に調査日のすべてのトリップの移動距離・手段ごとの移動時間が含まれている。それらを再集計して，個人別に 1 日のすべてのトリップの移動距離および手段ごとの移動時間を合計した値を被説明変数とした。なお，調査対象の 70 都市は，人口規模等から 10 の都市類型に分けた上で地域のバランス等を考慮して選定されており[5]，調査日も平日と休日の両方となっている（平日 7 万 6505 人，休日 7 万 2922 人，延べ 14 万 9427 人）。

第 3 章　住民の移動距離・時間への影響　　59

説明変数のうち，前項で説明した住民個人の属性①から④までは2015年の「全国都市交通特性調査」から入手した個人の属性を示すダミー変数[6]である。⑤は2015年の「国勢調査」から入手した都市別の値で，住民が市外に通勤等で移動する影響をコントロールするための変数である。⑥の公共交通へのアクセスは，2013年の「住宅・土地統計調査」から入手した都市別の数値で[7]，鉄道駅やバス停留所からの距離区分別世帯数[8]をすべての距離区分の世帯数で除した値である。居住する場所からの駅やバス停へのアクセスの良さが公共交通の利用頻度に影響を与えると考えられるため，手段ごとの移動時間に関する分析ではこの変数によってコントロールしている[9]。

6. 推定結果

　まず，移動距離への影響に関する推定結果は，平日が表3-2の(1)の(I)，休日が表3-2の(2)の(I)に示されている。平日・休日ともにNSDの係数が正で有意となった。これは，都市のコンパクト度が高い（NSDが小さい）場合には，住民の移動距離が小さいことを示している。以上から，仮説1は支持された。

　次に，歩行と自転車，公共交通の移動時間への影響に関する推定結果は，平日が表3-2の(1)の(II)〜(IV)，休日が表3-2の(2)の(II)〜(IV)に示されている。平日休日ともにNSDの係数が負で有意となった。これは，都市のコンパクト度が高い場合には，歩行と自転車，公共交通の移動時間が長いことを示している。以上から，仮説2は支持された。

　最後に，自家用車の移動時間への影響に関する推定結果は，平日が表3-2の(1)の(V)，休日が表3-2の(2)の(V)に示されている。平日についてのみNSDの係数が正で有意となった。これは，都市のコンパクト度が高い場合には，平日については自家用車の利用時間が短いことを示している。以上から，仮説3は平日についてのみ支持された。

　さらに，住民属性別（年齢および職業）の影響を比較した結果は，図3-1に示されている。まず，移動距離に関しては，図3-1の(1)のとおり，30〜74歳の年齢層と女性の係数が他の属性と比較して大きい。職業および就業形態では，サービスと運搬，主婦，パートの係数が大きい。そして，歩行と自転車，公共交通の移動時間に関しては，図3-1の(2)と(3)，(4)のとおり，20〜64歳の年齢

表3-2 移動距離・手段ごとの移動時間への影響

(1) 平　　日

	(I)移動距離	(II)歩行時間	(III)自転車時間	(IV)公共交通時間	(V)自家用車時間
NSD（基準化された標準距離）	0.219** (0.098)	−0.457*** (0.087)	−0.214*** (0.068)	−0.434*** (0.094)	0.363*** (0.128)
定　　数	1.964*** (0.501)	0.839 (0.764)	−0.243 (0.495)	2.461*** (0.796)	0.772 (0.969)
年齢・性別・職業・就業形態・昼夜間人口比率の変数	Yes	Yes	Yes	Yes	Yes
駅・バス停距離の変数		Yes	Yes	Yes	Yes
標 本 数	76,505	76,505	76,505	76,505	76,505
Adj. R^2	0.170	0.195	0.075	0.169	0.143

(2) 休　　日

	(I)移動距離	(II)歩行時間	(III)自転車時間	(IV)公共交通時間	(V)自家用車時間
NSD（基準化された標準距離）	0.324** (0.128)	−0.329*** (0.062)	−0.130*** (0.041)	−0.181*** (0.043)	0.117 (0.089)
定　　数	0.281*** (0.625)	0.491 (0.464)	−0.204 (0.303)	0.963*** (0.326)	1.028 (0.766)
年齢・性別・職業・就業形態・昼夜間人口比率の変数	Yes	Yes	Yes	Yes	Yes
駅・バス停距離の変数		Yes	Yes	Yes	Yes
標 本 数	72,922	72,922	72,922	72,922	72,922
Adj. R^2	0.064	0.413	0.023	0.050	0.082

注：***は1％有意，**は5％有意．括弧内は都市別にクラスター頑健な標準誤差である．NSDは，その変数をxとした場合に$\log(x+1)$を用いて対数変換した値．
出所：筆者作成．

層の係数の絶対値が他の属性と比較して大きい。職業および就業形態では，歩行は平日の管理と専門技術，事務，保安，正規が，自転車は平日のサービスと生産，運搬，パートが，公共交通は平日の管理と専門技術，事務，販売，サービス，保安，正規の係数の絶対値が大きい。また，自家用車の移動時間に関しては，図3-1の(5)のとおり，20～64歳の年齢層の係数が他の属性と比較して大きい。職業および就業形態では，平日の管理と専門技術，事務，販売，サービス，保安，運搬，正規，パートの係数が大きい。

上記の結果から，都市のコンパクト度が高い場合には，20～64歳の年齢層は他の年齢層と比べて歩行や自転車，公共交通の移動時間が長く，自家用車の

図 3-1 住民属性(年齢および職業)別の影響の比較

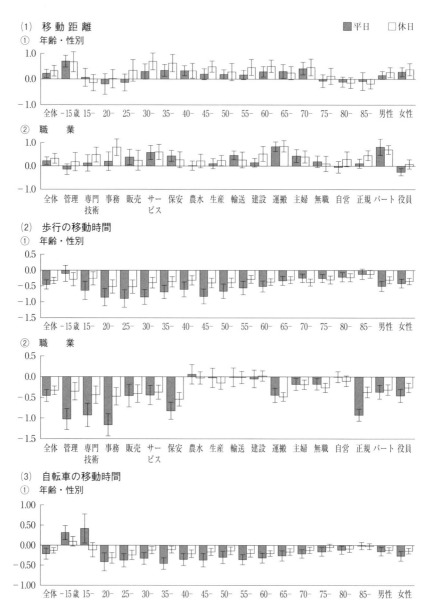

② 職　業

(4) 公共交通の移動時間
① 年齢・性別

② 職　業

(5) 自家用車の移動時間
① 年齢・性別

② 職　業

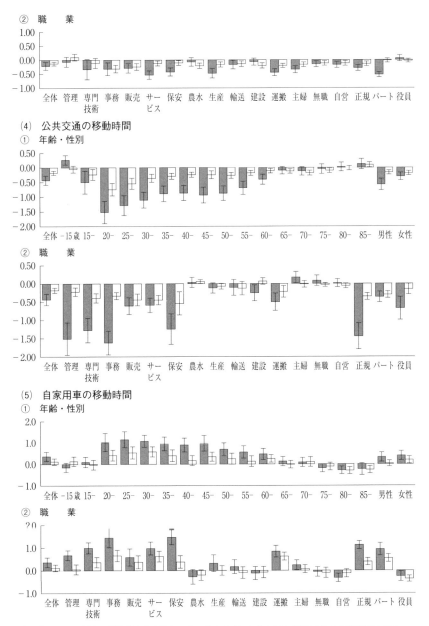

注：棒グラフの長さは係数推定値を示し，その値を中心にした上下の線は90％の信頼区間を表す。
出所：筆者作成。

移動時間が短いことが示唆される。この背景として，通勤や業務による移動を行う際に，コンパクト度の高い都市では歩行や自転車，公共交通を利用する機会が多いためと考えられる。

7. インプリケーション
―― 住民の移動距離・時間の視点から見たコンパクト化の意義

本章では，都市のコンパクト度の指標として NSD を用いて，基礎自治体の市と東京都区部のコンパクト度と住民の移動距離や手段ごとの移動時間の関係を分析した。結果は以下のとおりである。①都市のコンパクト度が高い（NSD が小さい）自治体ほど，平日・休日ともに住民の移動距離が短い。②都市のコンパクト度が高い自治体ほど，平日・休日ともに住民の歩行や自転車，公共交通での移動時間が長い。③都市のコンパクト度が高い自治体ほど，平日の自家用車での移動時間が短い。

②と③の結果をあわせて考えると，まずコンパクトな都市ほど，移動手段の選択では自家用車よりも歩行や自転車，公共交通が住民に選好され，移動手段のスイッチングが起こっていると示唆される。次に，コンパクトな都市ほど歩行による日常的な運動量が多くなり，住民の健康状態を良好にしていると考えられる。また，コンパクトな都市ほど環境負荷が低くエネルギー消費が効率的であることも示唆される。自家用車の移動距離当たりエネルギー消費量や CO_2 排出量は，鉄道やバスなどの公共交通よりも大きい[10]。したがって，自家用車の移動時間が短く，公共交通の移動時間が長いことは，エネルギー消費や環境負荷の点からは望ましいといえる。推定結果で得られた係数をもとに機械的に試算すると，都市のコンパクト度が 10％ 高い場合には，自家用車の移動時間は 1.6％ 短く[11]，公共交通の移動時間は 2.1％ 長いと試算される[12]。走行速度が一定と仮定すると移動距離の増減率も同じ値となる。エネルギー消費量や CO_2 排出量が移動距離に比例すると仮定すると，エネルギー消費量は 1.3％，CO_2 排出量は 1.2％ 小さいと試算される[13]。

本章は，都市のコンパクト度が高いほど住民の移動距離は短く，歩行や自転車，公共交通での移動時間が長く，自家用車での移動時間が短いことを示した。このことは，都市をコンパクトにすることで住民の健康状態が改善し，都市の

環境負荷が低減するとともにエネルギー消費の効率性が改善するといった効果が期待できることを示唆している。つまり，都市のコンパクト化を促進する政策には，自治体の財政改善や住民の利便性向上だけでなく，住民の健康や都市の環境問題の点からもメリットがある可能性が高いといえる。

* 本章は，杏澤ほか（2022a）をベースに，大幅に加筆・修正したものである。

注

1 本章でデータを使用した「全国都市交通特性調査」は，この調査の後継の調査である。
2 モデルでは，簡単化のために費用一定としているが，自家用車のコストを以下のように距離 s によって変化するとした場合でも結果は同じである。移動コストは金銭的費用と時間費用に分けられる。歩行の金銭費用をゼロとして，通勤時間 t に比例する時間費用のみとする。歩行の速度を一定（p_f）と仮定して，移動時間に賃金率（w）を掛けたものが時間費用とすると，歩行のコストは $C_f(s) = w \cdot s/p_f$ となる。それに対して，自家用車の金銭費用は車の維持費や駅の駐車場料金といった距離にかかわらず一定となる費用（$\bar{C}$）と，ガソリン代のように通勤距離 s によって変化する費用（$X(s)$）の合計とする。自家用車の速度も一定（p_a）と仮定すると，自家用車のコストは $C_a(s) = \bar{C} + X(s) + w \cdot s/p_a$ となる。自家用車のコストから歩行のコストを引くと，$C_a(s) - C_f(s) = \bar{C} + X(s) + w \cdot s/p_a - w \cdot s/p_f = \bar{C} + X(s) + w(s/p_a - s/p_f)$ となる。歩行よりも自家用車の方が速度は速いため，$s/p_a - s/p_f < 0$ となる。また，時間費用は時間当たりのガソリン代より通常はかなり高いため，通常は $X(s) + w(s/p_a - s/p_f) < 0$ となる（もしくは，このように仮定しても問題ない）。さらに，$X(0) = 0$ と $s = \frac{\pi d}{M}$ のときに $\bar{C} + X(s) + w(s/p_a - s/p_f) \leq 0$ となるように仮定を置けば，同様の結果が得られる。
3 たとえば，被説明変数である公共交通の利用時間が大きい場合に，それが住民に鉄道駅やバス停に近い地域に居住することを促し，NSD に影響を及ぼす可能性があるとの指摘も考えられる。その場合には，公共交通の利用時間の残差項と NSD との間に相関が生じることから，NSD を内生変数として操作変数法を適用すべきとなる。しかし，公共交通やその他の交通手段の移動時間は，すでに公共交通等の整備を踏まえて居住している住民のデータであり，それがさらに住民の居住場所を変え，NSD に影響を及ぼすことは考えにくい。実際に，市街化可能面積を操作変数として推定を行ったが，内生性を検証する Durbin-Wu-Hausman 検定で外生性の帰無仮説を棄却できないとの結果を得た。そこで，最小 2 乗法による推定を行った。
4 調査日に旅行に行くなど日常と異なる移動をした場合を除外するために，移動距離 100 km 以内の移動のみを対象とする。
5 三大都市圏の中心都市・周辺都市（大都市からの距離により 2 つのカテゴリーに分けている），地方中枢都市圏（政令市）の中心都市・周辺都市，地方中核都市圏（中心都市

40万人以上）の中心都市・周辺都市，地方中核都市圏（40万人未満）の中心都市・周辺都市，地方中心都市圏の10類型に分かれる．東京都区部は，区ごとではなく23区全体を1つの都市として数値を算出している．

6 ①の年齢層は15歳から90歳まで5歳刻み，②の職業は(1)管理的職業従事者（管理），(2)専門的・技術的職業従事者（専門技術），(3)事務従事者（事務），(4)販売従事者（販売），(5)サービス職業従事者（サービス），(6)保安職業従事者（保安），(7)農林漁業作業者（農水），(8)生産工程・労務作業者（生産），(9)輸送・機械運転従事者（輸送），(10)建設・採掘従事者（建設），(11)運搬・清掃・包装等従事者（運搬），(12)主婦・主夫（主婦），(13)無職，④の就業形態は(1)自営業主・家族従事者（自営），(2)正規の職員・従業員，派遣社員，契約社員（正規），(3)パート，アルバイト（パート），(4)会社などの役員（役員）である．

7 「全国都市交通特性調査」の個票データには該当する項目がないため，このように都市の形態としてコントロールした．

8 鉄道駅・バス停留所からの距離区分は，鉄道駅から200 m未満，200〜500 m，500〜1000 m，1000〜2000 m，2000 m〜，鉄道駅まで1000 m以上離れ，バスの停留所から100 m未満，100〜200 m，200〜500 m，500 m〜で区分されている．

9 公共交通の運賃やガソリン価格など価格データも説明変数とすべきであるが，それらについての都市別のデータがないという制約のため，本章では採用しなかった．

10 エネルギー消費量の輸送機関別原単位は，自家用車が516 kcal/人km，バスが199 kcal/人km，鉄道が46 kcal/人km（日本エネルギー経済研究所，2017〔章末，参考資料〕，pp. 134-135）．また，CO_2排出量の輸送機関別原単位は，自家用車が130 g-CO_2/人km，バスが57 g-CO_2/人km，鉄道が17 g-CO_2/人km（国土交通省環境政策課ホームページ〔章末，参考資料〕）．

11 NSDが10%減少した場合の平日の自家用車の利用時間（NSDの平均値1.125の都市の場合）は，$1 - \exp((0.363 \times (\ln(1.125+1) - \ln(1.125 \times 0.9+1))) \fallingdotseq -0.020$により2.0%の減少と算出した．休日の自家用車の利用時間も$1 - \exp((0.117 \times (\ln(1.125+1) - \ln(1.125 \times 0.9+1))) \fallingdotseq -0.006$により0.6%の減少と算出した．平日と休日の自家用車の平均利用時間と年間の平日休日の日数（平日246日，休日119日）で加重平均を計算することで，NSDが10%減少すると自家用車の利用時間は年間1.6%減少すると推計した．

12 NSDが10%減少した場合の平日の公共交通の利用時間（NSDの平均値1.125の都市の場合）は，$1 - \exp((-0.434 \times (\ln(1.125+1) - \ln(1.125 \times 0.9+1))) \fallingdotseq 0.023$により2.3%の増加と算出した．休日の公共交通の利用時間も$1 - \exp((-0.181 \times (\ln(1.125+1) - \ln(1.125 \times 0.9+1))) \fallingdotseq 0.010$により1.0%の増加と算出した．注11と同様の方法で平日と休日の加重平均を計算することで，NSDが10%減少すると公共交通の利用時間は2.1%増加すると推計した．

13 エネルギー消費量（単位：10^{10} kcal）は，$(40277〔自家用車分〕\times 0.016 - 3548〔鉄道・バス分〕\times 0.021) \div (40277 + 3548) \fallingdotseq 0.013$により1.3%の減少と推計した．$CO_2$排出量（単位：万トン）は，$(9458〔自家用車分〕\times 0.016 - 1258〔鉄道・バス分〕\times 0.021) \div (9458 + 1258) \fallingdotseq 0.012$により1.2%の減少と推計した．なお，各エネルギー消費量は（日本エネルギー経済研究所，2017〔章末，参考資料〕，pp. 130-131），各CO_2排出量は国土交通省環境政策課ホームページ〔章末，参考資料〕の値による．

参 考 資 料

国土交通省（2017）「まちづくりにおける健康増進効果を把握するための歩行量（歩数）調査のガイドライン」

国土交通省環境政策課ホームページ「運輸部門における二酸化炭素排出量」
　https://www.mlit.go.jp/sogoseisaku/environment/sosei_environment_tk_000007.html（2022 年 1 月 7 日確認）

日本エネルギー経済研究所計量分析ユニット（2017）『EDMC エネルギー・経済統計要覧（2017 年版）』

第4章

住民の健康への影響
コンパクト化は介護・医療費を減らすのか？

本章のポイント

「コンパクトシティ」では，都市内での移動距離が短いため，歩行や歩行を伴う公共交通が移動手段に選ばれることが多く，その結果として歩行時間が長く住民の健康に良い影響を与えている可能性がある。

そこで，本章では，序章で示された NSD（基準化された標準距離）を，都市のコンパクト度を示す指標として用いて，都市のコンパクト度と住民の健康状態の関係を分析する。

分析の結果，都市のコンパクト度が高い自治体ほど，①要介護認定率は低く，②健康の悪化がより深刻な「要介護度の高いグループごとの認定率」は低く，③国民健康保険における被保険者 1 人当たり医療費は低いことが明らかとなった。

したがって，本章の分析は，都市のコンパクト化が健康状態を改善させる効果を通じて，介護や医療といった社会保険にかかる自治体（市町村）の財政支出を抑制する効果を持つことを示唆している。

1. はじめに

都市の中心部に人口を集中させる「コンパクトシティ」は，都市の中の移動距離が短縮することで住民に歩行や公共交通との併用による歩行での移動を促し，住民の健康により良い影響をもたらす可能性がある。また，国土交通省においてもコンパクトシティを「歩いて暮らせるまち」として，その形成を通じ

て健康の増進を図る取り組みが見られる。そこで，本章ではコンパクトシティが住民の健康へプラスの効果を与えるかについて検証を行う。

　まず，コンパクトシティと住民の移動距離や歩行時間の関係については，都市のコンパクト度が高いほど住民の移動距離が短く歩行時間が長いことを前章で明らかにした。そして，歩行時間と健康の関係については，Tsuji et al. (2003) などが，住民の歩行時間が長いほど医療費が抑制されることを示した。これらの研究結果を結びつけると，都市のコンパクト度が高いほど住民の歩行時間が長くなることを通して，住民がより健康な状態を維持していると考えられる。さらに，その結果として医療費や介護費が抑制される可能性が高いことも推測される。しかしながら，これらはあくまで推測であって，コンパクト化が住民の健康にプラスの効果を与えるかどうかは十分に解明されているとはいえない。

　そこで，都市（基礎自治体の市町村と東京都区部，以下同じ）のコンパクト度を示す指標であるNSDが「要介護認定率」と「国民健康保険の被保険者1人当たり医療費」に与える影響をパネルデータによる固定効果分析で検証する。

　日本の公的介護保険制度では，介護を受けようとする被保険者が申請を行い，各市町村が要介護者に該当すると判断した場合に認定する（これを「要介護認定」という）制度となっている。その際には，比較的軽い状態から重い状態の順に要介護1から要介護5までの区分に分けて認定が行われる。そのため，それぞれの要介護度に認定されたということは，認定された者にその要介護度の区分に応じた健康状態の悪化が生じていることを意味している。本章では，内閣府（2018）に従い，各市町村における要介護認定を受けた者の65歳以上人口（＝介護保険の第1号被保険者数）に占める割合を，その都市の住民全体の健康状態を示す指標として，その指標と都市のコンパクト度との関係を明らかにする。

　なお，本章では，ある市町村において要介護1以上の認定を受けた者，すなわち何らかの要介護の認定を受けたすべての者が，その市町村の65歳以上人口に占める割合を（ある市町村の）「要介護認定率」と定義する。さらに，要介護2以上の認定を受けた者が65歳以上人口に占める割合を「要介護2以上認定率」，同じく要介護3以上の者の割合を「要介護3以上認定率」，要介護4以上の者の割合を「要介護4以上認定率」，要介護5の者の割合を「要介護5認

定率」と定義する。そして，これらを「要介護度の高いグループごとの認定率」と総称し，「要介護認定率」と同様に分析を行う。

また，国民健康保険の被保険者の医療費の多寡は，健康状態の悪化の程度に比例している。なぜならば，重い病気ほど治療費は高くなると考えられるからである。そこで，市町村別の「国民健康保険の被保険者1人当たり医療費」に与える要因についても分析を行い，都市のコンパクト度と医療費に対応した健康状態の悪化との関係も明らかにする。

本章は以下のように構成される。次節では先行研究とその限界を，第3節では本章の新規性を，第4節では理論メカニズムと本分析での仮説を説明する。続く第5節では推定モデルとデータを，第6節では推定結果を述べる。最後に，第7節でインプリケーションをまとめる。

2. 先行研究とその限界

コンパクトシティが住民の健康に与える影響に関しては，コンパクト化が都市の住民の歩行を促し，その歩行の増加が住民の健康につながるという関係が考えられる。そのため，関連する分析として，①コンパクトシティが歩行時間に与える影響，②歩行時間が住民の健康に与える影響，③都市の（一部地域の）人口密度が健康に与える影響についての先行研究が存在する。

このうち，①のコンパクトシティが歩行時間に与える影響については，谷口ほか（2006）が1999年の「全国都市パーソントリップ調査」のデータ等を用いて分析を行った（第3章参照）。その結果，人口密度の高い低層住宅地区などで移動の際の歩行数が多く，人口密度の低い住宅区群などでは歩行数が少ないこと，さらに自家用車よりも公共交通を使った際の歩行数が多いことを示している。そして，本書の第3章では，コンパクト化が都市内の移動距離や手段ごとの移動時間に与える影響を検証するため，国土交通省が2015年に実施した「全国都市交通特性調査」によって把握された都市の住民の移動距離，歩行，公共交通（鉄道・バス），自家用車といった移動手段ごとの移動時間を被説明変数，NSDを説明変数として分析を行った。その結果，NSDが小さく（都市のコンパクト度が高く）なるほど，都市の住民の移動距離が短くなることを示した。さらに，移動距離が短くなった結果，歩行による移動の機会が増大して歩行時

間が長くなることがわかった。

②の歩行時間が住民の健康に与える影響については，次のような研究がある。内閣府（2018）は介護保険の要介護認定率の地域差が生ずる要因を分析し，運動習慣のある地域では要介護認定率が低いことを示した。Tsuji et al.（2003）は，宮城県大崎地区の住民を対象に国民健康保険のデータとアンケート調査を用いて，歩行時間が医療費の軽減に寄与していることを分析している。また，Kato et al.（2013）は，歩行量（歩数）と糖尿病を中心とした疾患の発症リスクの研究をもとに，歩行量の増加がもたらす医療費の抑制効果を試算している。

③の都市の（一部地域の）人口密度が健康に与える影響については，都市のコンパクト度が健康に与える影響を分析したものではないが，良好な健康状態を説明する要因として人口密度を使った分析として，以下のような研究がある。

Haigh et al.（2011）は，ニュージーランドの都市の中で高い住宅密度の都市は，都市内部での経済活動，教育やレジャーなどの社会活動などへのアクセスが容易になること，歩行による移動が増加して身体活動が増大すること，自家用車の利用が減少して公共交通の利用が増えること，社会的弱者へのアクセスや協力が強まること，アメニティが確保されることなどを通じて健康に肯定的影響があることを文献調査で示している。Stevenson et al.（2016）は，6大都市（メルボルン，ボストン，ロンドン，コペンハーゲン，デリー，サンパウロ）を例にとって，コンパクト化，すなわち，近距離化した都市（a city of short distance）により，公共交通や歩行，サイクリングが促進され，それが住民の健康の改善をもたらすことを指摘した。Başkan et al.（2017）は，4つの観点（身体的，心理的，社会的，環境）からイスタンブール，アンカラ，イズミル，その他の都市の2060人に対するアンケート結果をもとに，人口密度と生活状態との回帰分析を行った。その結果，人口密度の高い3都市において，身体的側面では満足度が有意に高いことが示された。

Sakar et al.（2017）は，イギリス国内の22都市の40万以上のバイオバンク（生体試料）を用いて，居住する地域（1 kmのstreet単位）の人口密度と身体活動時間，脂肪過多や肥満との関係を調査した。その結果，平方キロメートル当たり1800戸を分岐点として，それ以上の地域では1週間当たり1人当たりの身体活動時間が増加し，肥満や脂肪量の指標であるBMIや胸囲などの値が低い傾向であることを明らかにした。これは，都市の人口密度の上昇が住民の身

体活動の増大をもたらし，癌などの疾病の原因となる脂肪過多や肥満を抑制することを示している。Nakaya et al. (2014) は，全国 11 保健所，国立がんセンター等による「多目的コホート研究」の一環として，1990 年段階で 4 カ所の保健所（岩手県二戸市，秋田県横手市，長野県佐久市，沖縄県石川市所在の保健所）の管轄区域内の 40～59 歳の年齢層の 3 万 7455 人の男女の健康状態の変化を把握し，サバイバル分析によりその人が居住する小地域（町丁目）の人口密度，貧困と死亡率との間に弱い相関関係があることを示した。

　これらの研究のうち，①の研究は，都市のコンパクト度が歩行時間に与える影響を解明しているが，歩行時間が健康に与える影響は明らかになっていない。②の研究は，歩行時間が健康に与える影響を解明しているが，研究対象が特定の地域や疾患に限定されている上に，歩行時間の増加が必ずしも都市のコンパクト化によるものではないという点で限界がある。③の研究は，都市のコンパクト度が健康に与える影響を分析しているわけではなく，都市全体あるいは小単位の地域（日本でいえば町丁目）での人口密度を指標として分析しているものである。しかし，実際の都市の中での住民の移動は，通勤，買い物，社会活動などの目的により，市街地全体に及ぶことが多く，その移動距離は都市あるいは小地域の人口密度で捉えきれるものではない。たとえば，都市全体の人口密度が高くても，郊外部の人口や商業その他の活動拠点の分布がまばらであれば，郊外部から目的地までの距離が遠くなり，歩行には適さない可能性がある。

　さらに，これまでの研究の中には，脂肪過多といった健康状態，住民の主観的な意識に関するもの，死亡率という健康状態悪化の究極的な形態を被説明変数としている例がある。ただし，コンパクトシティという都市の形態から住民の歩行の習慣が影響を受け，それが住民の健康にある程度の期間を経て影響を与えているという因果関係の経路を分析することが必要である。この観点からすれば，客観的で中期的な健康悪化の指標を用いることがより望ましい。たとえば，公的介護保険制度における要介護度や，健康状態の悪化の程度に比例していると判断される医療費が被説明変数の候補として考えられる。しかしながら，このような分析はなされていない。

3. 本章の新規性

　本章では，都市のコンパクト化が健康水準へ与える影響を検証する。その際に，「都市のコンパクト度」を的確に評価し分析を行うため，序章で提案したNSDを用いる。

　これまでに上記の検証を目的としてこの指標を用いた研究はなく，ここに新規性がある。この指標は，都市における居住と中心地との距離や人口の厚みの状況を反映しており，本章の狙いであるコンパクト化の（歩行距離を通じた）住民の健康水準への影響を捉える指標として適切である。また，パネル分析を行うことで，各地点のサンプルの固定効果を取り除いた分析を行う。

　以上より，的確な指標を活用しパネル分析を行うことで，都市のコンパクト化が住民の健康水準にどのような影響を与えるのかを的確に検証することができるという点で，本章は，都市のコンパクト化がもたらす効果の評価に貢献できると考えられる。

4. 理論メカニズムと仮説

4.1　理論メカニズム

　都市のコンパクト度と住民の健康水準との関係を示す際には，まず，都市のコンパクト度と住民の歩行時間との関係を示す必要があるが，これについてはすでに前章で示されたとおりである。

　次に，歩行時間と住民の健康水準との関係を明らかにする必要がある。Tsuji et al.（2003）によれば，徒歩を選択する住民の割合が高いと，健康な人口の割合が高くなり，要介護認定率や医療費が低くなることが示されている。したがって，都市のコンパクト度が高いほど，要介護認定率や医療費が低くなると考えられる。また，通勤だけでなく買物が目的の移動についても，商業施設が都市の中心か駅の上に存在すると仮定する場合は，同様の結果が想定される。

4.2 仮説――コンパクト化は介護・医療費を減らすのか

前項の理論メカニズムを踏まえ，「コンパクト化は介護・医療費を減らすのか」という大きな問いに対して，具体的には以下の仮説を検証する。

仮説１：都市のコンパクト度が高い市町村ほど，要介護認定率は低い。これは，より健康が悪化した要介護度の高いグループごとの認定率についても同様となる。

都市のコンパクト度が高い（NSDが小さい）市町村では，コンパクト度が低い市町村と比べて住民の歩行時間が長くなると考えられる。その結果，住民の健康状態は相対的に良好となり，要介護認定率もより低くなると考えられる。これは，健康状態がより悪化した状況に対応した要介護度の高いグループごとの認定率との間でも成立する。

仮説２：都市のコンパクト度が高い市町村ほど，国民健康保険の被保険者１人当たり医療費は低い。

都市のコンパクト度が高い市町村ほど，公共交通機関への徒歩でのアクセスが容易となり，歩行が選択されやすい。そのため，住民の歩行時間が長くなり，住民の健康水準は良好になると考えられる。この結果，そうした市町村においては，病院や診療所での医療サービスを受ける必要性は相対的に低くなり，国民健康保険の被保険者１人当たり医療費が抑制されると推察される。

5. 推定モデルとデータ

5.1 推定モデル

本章の回帰分析は以下の３つのモデルにより行う。最初の２つが仮説１を，最後の１つが仮説２を検証するためのモデルである。まず，NSDが要介護認定率に与える影響を明らかにするために，式（4-1）により推定を行う。

$$\ln Care_{it} = \alpha + \beta \ln NSD_{i,t-5}^{adj} + \Sigma_d \gamma_d \ln APT_{i,t-2,d}^{adj} + \Sigma_m \delta_m A_{i,t-5,m}^{adj} + \Sigma_n \theta_n x_{it,n} + \mu_i + \tau_t + \varepsilon_{it} \tag{4-1}$$

ここで，$Care_{it}$ は市町村 i における t 年の要介護認定率（詳細な定義は 5.2.1 を参照），NSD_{it}^{adj} は市町村 i における t 年の NSD の調整変数（同 5.2.2〔4-4 式〕を参照），$APT_{it,d}^{adj}$ は市町村 i における t 年の最寄りの鉄道駅あるいはバス停までの距離区分 d の住戸が全住戸数に占める割合の調整変数（同 5.2.3〔4-6 式〕を参照）で，$A_{it,m}^{adj}$ は属性 m の調整変数（同 5.2.4〔4-7 式〕を参照），$x_{it,n}$ はその他の属性 n の値（同 5.2.4 を参照）である。μ_i は個体効果，τ_t は時間効果，ε_{it} は誤差項を表す。

次に，NSD が要介護度の高いグループごとの認定率に与える影響を明らかにするため，式 (4-2) により推定を行う。

$$\ln Care_{it}^R = \alpha + \beta \ln NSD_{i,t-5}^{adj} + \Sigma_d \gamma_d \ln APT_{i,t-2,d}^{adj} + \Sigma_m \delta_m A_{i,t-5,m}^{adj} + \Sigma_n \theta_n x_{it,n}$$
$$+ \mu_i + \tau_t + \varepsilon_{it} \qquad (4\text{-}2)$$

ここで，$Care_{it}^R$ は市町村 i における t 年の要介護度 R 以上の区分にかかる要介護認定率である[1]。これらは，要介護認定率，要介護 2 以上認定率，要介護 3 以上認定率，要介護 4 以上認定率，要介護 5 認定率の順に，より要介護度が高く，健康状態のより深刻な者の割合となっている。

さらに，介護を必要とする可能性のある高齢者だけでなく，年少者や中高年層を含めた住民の健康水準と都市のコンパクト度との関係を検証するため，75 歳未満の住民を対象とする国民健康保険の被保険者 1 人当たり医療費を被説明変数とし，式 (4-3) により推定を行う。

$$\ln MC_{it} = \alpha + \beta \ln NSD_{i,t-5} + \Sigma_d \gamma_d \ln APT_{i,t-2,d} + \Sigma_m \delta_m A_{i,t-5,m} + \Sigma_n \theta_n x_{it,n}$$
$$+ \mu_i + \tau_t + \varepsilon_{it} \qquad (4\text{-}3)$$

ここで，MC_{it} は市町村 i における t 年の国民健康保険の被保険者 1 人当たり医療費である。$x_{it,n}$ は，市町村 i における t 年のその他の属性 n の値（同 5.2.5 を参照）である。

5.2 データ

以下では，推定に用いる変数について説明する。なお，すべてのデータは 2015 年の市町村の区域を前提にしており，それ以前に市町村合併が行われた市町村については，過去の時点の数値も合併後の区域に合わせて修正を行った[2]。

5.2.1 住民の健康状態を示す変数

　住民の健康状態を示す変数としては，先行研究ではアンケートによる回答や疾病の罹患状況，脂肪過多などの症状，死亡率（寿命）などを採用している。しかし，アンケートでは回答者の主観が入る可能性がある。疾病等に関しても，疾病の発生や症状の変化を時系列で捉えた分析では，サンプルとなる住民が居住する都市の数が少なく，コンパクトシティの影響を捉えるには限界がある。死亡率は過去の長期間の健康状態悪化を反映した結果であるが，住民の健康悪化が軽微なものから深刻なものに至る各段階別の要因分析には適さないおそれがある。それに対して，要介護度は現在に至るまでの中期的な健康状態の悪化の程度を反映しているため，要介護認定率や要介護度の高いグループごとの認定率（定義は第1節を参照）は，住民の健康状態を示す変数として，より適していると考えられる。

　本章では，「介護保険事業状況報告」のデータをもとにして，2010年，15年，20年の3カ年の各市町村における要介護認定率と要介護度の高いグループごとの認定率を算出した[3]。

　一方で，要介護認定は原則として65歳以上の高齢者を対象とするものであり，65歳未満を含めたより幅広い年齢層の健康状態への影響を見るためには，実際に健康を損ねた際の対処や改善のためのコストに該当する国民健康保険の被保険者1人当たり医療費を見ることが適切と考えられる。そこで，「医療費の地域差分析」の市町村別国民健康保険の実績医療費を市町村ごとの被保険者数で除した数値を国民健康保険の被保険者1人当たり医療費として定義し，2008年度，13年度，18年度の3カ年度について算出した。

5.2.2 都市のコンパクト度を示す変数

　都市のコンパクト度を示す変数としては，NSDを用いる。ただし，NSDで測られる都市の居住の分布状況が直ちに健康状況に影響を与えるわけでなく，その都市に居住する住民の歩行行動に影響を与え，その歩行習慣が健康状態に影響を与えることになる。その歩行習慣が健康に影響を与える際には，一定期間の居住の継続が必要となる。とくに，要介護認定が必要となるほどの健康の悪化を歩行による運動の習慣で改善するためには，長期にわたる運動習慣を要することが河野ほか（2016）で指摘されている。このため，長期間の都市にお

ける居住者の分布の状況が，歩行時間を通じて要介護認定率に影響すると考える方が適切である。そこで，要介護認定率の推定においては，単年の NSD ではなく，国勢調査で把握が可能な 15 年前から現在までの NSD を住民の居住期間に応じて加重平均した NSD_{it}^{adj} を使用する。具体的には，下記の式（4-4）により算出する。

$$NSD_{it}^{adj} = \Sigma_j L_{ij} \Sigma_{k=1}^{3} NSD_{i,\,t-5(3-k)} R_{ik}^{j} \qquad (4\text{-}4)$$

ここで，L_{ij} は市町村 i における居住期間区分 j（具体的には，「1 年未満」「1～5 年」「5～10 年」「10～20 年」「20 年以上」「出生時から」の 6 つの居住期間区分）の住民数割合[4]，$NSD_{t-5(3-k)}$ は t 年（$k=3$）または t 年の 5 年前（$k=2$），10 年前（$k=1$）の NSD である。また，R_{ik}^{j} は年区分（$k=1, 2, 3$）居住割合であり，以下で説明する。M_{ij} を市町村 i の居住期間区分 j の住民の居住期間と定義する。たとえば，「5～10 年」の居住期間区分については $M_{ij} = 7.5$ と設定する[5]。ここで，2015 年を例として取り上げると $NSD_{i,2015}^{adj}$ は，その 5 年後の 2020 年の住民の健康状態を分析する際に使用するため，15 年前の 2005 年から 2020 年までの間で居住していた年区分ごとに加重平均することにする。まず，その 15 年間を，（$k=1$）2005～10 年，（$k=2$）2010～15 年，（$k=3$）2015～20 年の 3 つの期間に分ける。そして，たとえば「5～10 年」の居住期間区分については，住民は 2020 年時点で（$M_{ij} =$）7.5 年間居住しているので，（$k=1$）の期間には（7.5 − 10 = −2.5 と負の値なので）0 年，（$k=2$）の期間には（7.5 − 5 = 2.5 と 5 未満の正の値なので）2.5 年，（$k=3$）の期間には（7.5 は 5 以上なので）5 年，というように 7.5 年の居住期間における 3 つの年区分（$k=1, 2, 3$）のそれぞれの重みづけを算出する。以上より年区分居住割合（R_{ik}^{j}）は以下の式（4-5）で算出される。

$$R_{ik}^{j} = \begin{cases} \min(\max(M_{ij}-10, 0), 5)/\min(M_{ij}, 15) & \text{if } k=1 \\ \min(\max(M_{ij}-5, 0), 5)/\min(M_{ij}, 15) & \text{if } k=2 \\ \min(M_{ij}, 5)/\min(M_{ij}, 15) & \text{if } k=3 \end{cases} \qquad (4\text{-}5)$$

医療費は，Tsuji et al.（2003）等の先行研究によると，要介護認定ほどには長期的な運動習慣が影響していない。そこで，医療費の推定においては上記の調整は行わずに，医療費の年次から 3 年前，つまり 2005 年，10 年，15 年の NSD の数値を変数とする。

5.2.3　鉄道駅やバス停へのアクセスの容易さを示す変数

　都市のコンパクト度が高い場合には，移動距離が短くなり，歩行のみで目的地まで移動する機会が増える可能性が高い。これに加えて，鉄道やバスといった公共交通での移動も多くなり，それに伴う歩行の機会も増えることが考えられる。ただし，それには住居から最寄りの鉄道駅やバス停までの距離といった公共交通へのアクセスの容易さが大きく影響する。そこで，「住宅・土地統計調査」の鉄道駅やバス停までの距離区分別の住戸数を利用して，各市町村の最寄りの鉄道駅あるいはバス停までの距離区分 d （「駅からの距離〔～500 m〕」「駅からの距離〔500 m～1 km〕」，「駅からの距離〔1～2 km〕」「バス停からの距離〔～100 m〕」「バス停からの距離〔100～200 m〕」）の住戸数が全住戸数に占める割合 APT_{it}^d を変数として使用する。ただし，要介護認定率は長期間にわたる住民の歩行の機会が影響しており，これらの変数についても NSD の場合と同様に住民の居住期間に応じて調整する必要がある。そこで，下記の式（4-6）により算出した調整変数 $APT_{it,d}^{adj}$（距離区分 d における t 年の調整済住戸数割合）を使用する。

$$APT_{it,d}^{adj} = \Sigma_j^n L_{ij} \Sigma_k^3 APT_{i,t-5(3-k)}^d R_{ik}^j \tag{4-6}$$

ここで，$APT_{i,t-5(3-k)}^d$ は市町村 i の距離区分 d における t 年または t 年の 5 年前，10 年前の最寄りの鉄道駅あるいはバス停までの住戸数が全住戸数に占める割合である。

　医療費の推定に関しては，NSD の場合と同様に上記のような調整は行わず，医療費の年次における鉄道駅あるいはバス停までの距離区分別住戸数の割合を変数としている。

5.2.4　要介護認定率に影響するその他の変数

　要介護認定率や要介護度の高いグループごとの認定率に影響するその他の変数としては，(1)一定の期間にわたって健康に影響を及ぼすと考えられる変数と，(2)直近の介護の体制に関する変数がある。これらの(1)と(2)の変数は，内閣府（2018）などの先行研究でも採用されている変数である[6]。

　まず，(1)に関しては，①市町村の全人口に占める昼間の流出者数の割合（以下では，昼間流出者割合と略す），②第1次・第2次産業の就業者の割合（1次・2次産業就業者割合），③スポーツ・ボランティア活動・社会活動に費やす時間

(スポーツ社会活動時間），④20歳以上人口当たりの酒類消費数量（酒類消費数量）がこれに該当する。これらの変数のうち，①昼間流出者割合は，昼間に主に業務活動のために都市の外に移動する者の割合を示している[7]。この者は都市間の移動が多くなるので，移動距離や歩行距離が大きくなり，健康状態にも影響を与える。②1次・2次産業就業者割合は，就業する産業の違いが従事する就業者の歩行距離に影響するため，変数として採用した。データは，「国勢調査」の市町村別の産業別就業者の割合である。③スポーツ社会活動時間が多い場合，それだけ屋外での移動を伴うことが多く，歩行を通じて健康状態に影響を及ぼしうる。データは，「社会生活基本調査」によるスポーツ・ボランティア活動・社会参加活動に費やす時間を変数としている。④酒類消費数量は，飲酒が健康に与える影響をコントロールするための変数である。

これらの変数は一定の期間にわたって健康に影響を及ぼすと考えられるため，NSDの場合と同様に，住民の居住期間に応じた調整変数（市町村iにおけるt年の調整済属性m）を下記の式（4-7）により算出する。

$$A^{adj}_{it,m} = \sum_j^n L_{ij} \sum_{k=1}^3 A_{i,t-5(3-k),m} R^j_{ik} \tag{4-7}$$

ここで，$A_{i,t-5(3-k),m}$は市町村iにおけるt年またはt年の5年前，10年前の属性mの値である。考慮する属性は，①昼間流出者割合または②1次・2次産業就業者割合，③スポーツ社会活動時間，④酒類消費数量である。

次に，(2)は直近の介護需要に影響する人口動態や家族体制，および介護サービスの供給能力に関する変数である。具体的には，⑤75歳以上人口が65歳以上人口に占める割合（75歳以上人口/65歳以上人口割合），⑥単身高齢者が65歳以上人口に占める割合（単身高齢者人口割合），⑦市町村内に所在する病院の病床数の合計を人口で除した値（人口当たり病床〔病院〕数）と，同じく診療所の病床数について算出した値（人口当たり病床〔診療所〕数），⑧市町村内に所在する介護老人福祉施設の定員数の合計を65歳以上人口で除した値（65歳以上人口当たり介護福祉施設定員）と，同じく介護老人保健施設の定員数について算出した値（65歳以上人口当たり介護保健施設定員），⑨介護予防のための訪問サービス件数の合計を65歳以上人口で除した値（65歳以上人口当たり訪問介護数）と，同じく通所サービス件数について算出した値（65歳以上人口当たり通所介護数）である。これらの変数は過去の長期間の数字より直前のデータの状況が要介護認定率に影響することから，それぞれの統計の直近の数値を採用してい

表 4-1　基本統計量

		標本数	平均	標準偏差	最小値	最大値
要介護認定率	（単位：％）	2,933	13.183	1.941	7.743	20.015
要介護2以上認定率	（単位：％）	2,933	9.446	1.624	5.580	15.107
要介護3以上認定率	（単位：％）	2,933	6.365	1.102	3.836	10.223
要介護4以上認定率	（単位：％）	2,933	3.903	0.740	2.045	6.361
要介護5認定率	（単位：％）	2,933	1.569	0.368	0.699	2.855
1人当たり医療費	（単位：円）	3,246	306,998	56,282	170,637	549,676
NSD（基準化された標準距離）		3,255	1.902	1.340	0.328	12.230
駅からの距離（-500 m）居住割合	（単位：％）	3,255	11.785	9.230	0	63.956
駅からの距離（500 m-1 km）居住割合	（単位：％）	3,255	16.748	11.132	0	68.791
駅からの距離（1-2 km）居住割合	（単位：％）	3,255	23.793	12.500	0	76.732
バス停からの距離（-100 m）居住割合	（単位：％）	3,232	18.078	13.550	0	100
バス停からの距離（100-200 m）居住割合	（単位：％）	3,232	20.602	12.704	0	100
昼間流出者割合	（単位：％）	3,255	6.479	7.057	0	36.292
1次産業就業者割合	（単位：％）	3,255	7.605	6.905	0.093	40.933
2次産業就業者割合	（単位：％）	3,255	28.066	7.527	10.899	53.619
スポーツ社会活動時間	（単位：時間）	3,255	0.277	0.033	0.183	0.367
酒類消費数量	（単位：ℓ）	3,255	81.226	12.121	62.176	126.778
75歳以上人口/65歳以上人口割合	（単位：％）	3,056	48.751	5.851	30.898	64.097
単身高齢者人口割合	（単位：％）	3,255	3.605	1.681	0.812	13.422
人口当たり病床（病院）		3,255	0.013	0.008	0	0.057
人口当たり病床（診療所）		3,255	0.001	0.001	0	0.007
65歳以上人口当たり介護福祉施設定員	（単位：％）	3,255	1.815	0.891	0	17.703
65歳以上人口当たり介護保健施設定員	（単位：％）	3,255	1.362	0.784	0	7.179
65歳以上人口当たり訪問介護数		3,152	0.317	0.798	0	21.644
65歳以上人口当たり通所介護数		3,152	246.616	812.417	0	21008
40歳以上人口割合	（単位：％）	3,255	46.735	2.665	37.049	57.846
65歳以上人口/40歳以上人口割合	（単位：％）	3,255	25.616	6.122	9.145	51.829
専門職数割合	（単位：％）	3,255	1.231	0.795	0	10.843
自営業者数割合	（単位：％）	3,255	16.997	6.719	5.606	45.598

注：要介護認定率，要介護度の高いグループごとの認定率は，2010, 15, 20年，1人当たり医療費は2008, 13, 18年，NSD（基準化された標準距離）は2005, 10, 15年，駅，バス停は2008, 13, 18年，年齢別，単身高齢者，産業別人口割合，専門職数割合，自営業者数割合は2005, 10, 15年，スポーツ社会活動時間は2006, 11, 16年，飲酒量は2005, 10, 15年，病床数，施設定員，介護数は2009, 14, 19年，人口当たり流出者は2005, 10, 15年の数値。
出所：総務省「国勢調査」「地域メッシュ統計」「住宅・土地統計調査」，国税庁「国税庁統計年報」，厚生労働省「社会生活基本調査」「介護保険事業状況報告」「医療費の地域差分析」をもとに筆者作成。

る。

　75歳以上になると75歳未満の高齢者と比べて健康が衰えて要介護状態となる可能性が高まるため，⑤の変数によってその影響をコントロールする。同居

して世話を行うことが期待できる家族がいない高齢者については，市町村も要介護認定を行う傾向が見込まれることから，⑥の変数でそれをコントロールする。介護サービスの供給能力が要介護認定率に影響する可能性があるため，⑦および⑧の変数でそれをコントロールする[8]。介護予防のための訪問サービスや通所介護サービスは要介護認定を減少させる効果を有する可能性があるため，⑨の変数を採用している[9]。

5.2.5 医療費に影響するその他の変数

国民健康保険の被保険者1人当たり医療費に影響するその他の変数としては，以下のものがある。まず，上記の5.2.4で説明した，①昼間流出者割合，②1次・2次産業就業者割合，③スポーツ社会活動時間，④酒類消費数量である。ただし，式 (4-7) による調整変数とはせず，NSD の場合と同様に医療費の年次に対して直近の数値とする。これらは 5.2.4 でも説明したように健康状態に影響すると考えられるため，国民健康保険の被保険者1人当たり医療費にも影響する可能性が高い。

次に，⑩40歳以上人口が全人口に占める割合（40歳以上人口割合），65歳以上人口が40歳以上人口に占める割合（65歳以上人口/40歳以上人口割合）[10]，⑪市町村の就業者数に占める専門職者数の割合（専門職数割合）と，同じく自営業者数の割合（自営業者数割合）である。年齢40歳以上の中高年齢層になると医療に要するコストが大きくなる傾向があるため，⑩の変数によってその影響をコントロールする。就業の形態も医療費に影響を及ぼす可能性があるため，⑪の変数でそれをコントロールする[11]。この⑩と⑪についても医療費の年次に対して直近の数値とする。

なお，基本統計量は，表 4-1 のとおりである[12]。

6. 推 定 結 果

6.1 要介護認定率への影響に関する推定結果

要介護度認定率について，パネルデータによる固定効果分析の推定結果は表 4-2 の FE，変量効果分析は同 RE に示されている。

まず，固定効果分析と変量効果分析ともに，NSD の係数は正で有意である。

表4-2　要介護認定率への影響

	要介護認定率（FE）	要介護認定率（RE）
NSD（基準化された標準距離）	0.357*** (0.124)	0.083*** (0.016)
駅からの距離（-500 m）	−0.018** (0.009)	0.009 (0.006)
駅からの距離（500 m-1 km）	−0.005 (0.009)	−0.004 (0.007)
駅からの距離（1-2 km）	0.016* (0.009)	−0.005 (0.006)
バス停からの距離（-100 m）	−0.002 (0.004)	0.005 (0.004)
バス停からの距離（100-200 m）	−0.019*** (0.005)	−0.009** (0.004)
75歳以上人口/65歳以上人口割合	0.460*** (0.025)	0.483*** (0.023)
単身高齢者人口割合	−0.116*** (0.021)	0.015 (0.011)
1次産業就業者割合	−0.012 (0.026)	0.005 (0.005)
2次産業就業者割合	−0.096 (0.060)	−0.043*** (0.015)
スポーツ社会活動時間	−0.482* (0.254)	−0.381** (0.151)
酒類消費数量	0.115*** (0.037)	0.138*** (0.024)
人口当たり病床（病院）数	1.795 (1.291)	1.025** (0.487)
人口当たり病床（診療所）数	3.220 (2.436)	0.349 (2.317)
65歳以上人口当たり介護福祉施設定員	0.042*** (0.013)	0.050*** (0.010)
65歳以上人口当たり介護保健施設定員	0.025* (0.014)	0.016* (0.009)
65歳以上人口当たり訪問介護数	−0.008 (0.007)	−0.006 (0.007)
65歳以上人口当たり通所介護数	−0.010** (0.005)	−0.009* (0.005)
昼間流出者割合	0.023** (0.010)	−0.013*** (0.003)
15年ダミー	0.148*** (0.022)	0.085*** (0.011)
10年ダミー	0.086*** (0.012)	0.055*** (0.006)
定　　数	0.357 (0.336)	0.078 (0.155)
標 本 数	2,309	2,309
集 団 数	943	943
R^2(overall)	0.2551	0.5033
Hausman検定	$P = 0.0000$	

注：***，**，*はそれぞれ1%有意，5%有意，10%有意。括弧内は標準誤差。被説明変数，説明変数とも対数値。NSD（基準化された標準距離）の変数はその変数をxとした場合に$\log(x+1)$を用いて対数変換した数値。

出所：筆者作成。

つまり，都市のコンパクト度が高い（NSDが小さい）ときには，要介護認定率が低い水準となることが示されている。この背景としては，都市のコンパクト化を通じた歩行の機会や距離の増大による健康水準の改善が推察される。

これにより，仮説1のうち要介護認定率に関する部分は支持された。なお，変量効果モデルと固定効果モデルの検証に関しては，Hausman検定により，後者が採用される。

また，鉄道駅やバス停からの距離区分ごとの住戸数割合については，鉄道駅から500m未満とバス停から100-200mにおいて係数は負で有意となり，これらで要介護認定率が低い水準となることが示された。これは，公共交通の駅や停留所からのアクセスが良い都市ほど歩行の機会や距離が増え，健康に良好な影響を与えることが推測される。その他の説明変数に関しても，75歳以上人口/65歳以上人口割合の係数が正で有意となり，加齢により要介護認定率が高い水準となることが示された。

さらに，スポーツ社会活動時間の係数が負で有意となり，住民の活動時間の多い都市において要介護認定率が低い水準となっている。介護サービスの提供能力を示す65歳以上人口当たり介護福祉施設定員や65歳以上人口当たり介護保健施設定員の係数は正で有意を示し，その提供能力が高い場合には要介護認定率が高くなることを示している。また，介護の予防事業が要介護認定率に与える影響に関しては，65歳以上人口当たり通所介護数の係数が負で有意となり，介護予防の取り組みが一定程度介護認定を抑制する効果があることを示している。

6.2 要介護度の高いグループごとの認定率への影響に関する推定結果

要介護度の高いグループごとの認定率について推定した結果は，表4-3に示されている。

いずれも先に掲げた表4-2の推定結果と数値上の傾向は変わらず，NSDの係数は正で有意となっている。表4-3の結果からその効果を示す係数の絶対値を見ると，要介護1以上と要介護2以上，3以上との比較，あるいは要介護2以上，3以上と要介護4以上との比較ではより高いレベルに限定した要介護度の認定率が高くなっており，より高いレベルに限定した要介護度の認定率で大きくなる傾向が認められる。ただし，要介護2以上と要介護3以上との比較，

表4-3　要介護度の高いグループごとの認定率への影響

	要介護認定率 (FE：再掲)	要介護2以上 認定率 (FE)	要介護3以上 認定率 (FE)	要介護4以上 認定率 (FE)	要介護5 認定率 (FE)
NSD（基準化された標準距離）	0.357*** (0.124)	0.408*** (0.155)	0.384** (0.156)	0.445** (0.177)	0.436* (0.259)
駅からの距離 (-500 m)	-0.018** (0.009)	-0.025** (0.011)	-0.018 (0.011)	0.000 (0.013)	0.002 (0.018)
駅からの距離 (500 m-1 km)	-0.005 (0.009)	-0.019 (0.012)	-0.022* (0.012)	-0.021 (0.013)	-0.008 (0.020)
駅からの距離 (1-2 km)	0.016* (0.009)	0.021* (0.011)	0.023** (0.011)	0.018 (0.013)	0.013 (0.019)
バス停からの距離 (-100 m)	-0.002 (0.004)	0.000 (0.005)	-0.002 (0.005)	-0.004 (0.006)	-0.004 (0.009)
バス停からの距離 (100 m-200 m)	-0.019*** (0.005)	-0.017*** (0.006)	-0.016** (0.006)	-0.014** (0.007)	-0.030*** (0.010)
75歳以上人口/65歳以上人口割合	0.460*** (0.025)	0.439*** (0.032)	0.476*** (0.032)	0.502*** (0.036)	0.598*** (0.053)
単身高齢者人口割合	-0.116*** (0.021)	-0.107*** (0.026)	-0.118*** (0.026)	-0.131*** (0.029)	-0.113*** (0.043)
1次産業就業者割合	-0.012 (0.026)	-0.029 (0.033)	-0.013 (0.033)	-0.044 (0.038)	-0.110** (0.055)
2次産業就業者割合	-0.096 (0.060)	-0.086 (0.075)	-0.083 (0.076)	-0.084 (0.086)	-0.359*** (0.125)
スポーツ社会活動時間	-0.482* (0.254)	-0.649** (0.318)	-0.298 (0.321)	-0.099 (0.362)	-0.121 (0.530)
酒類消費数量	0.115*** (0.037)	0.076 (0.046)	0.084* (0.046)	0.087* (0.053)	0.201*** (0.077)
人口当たり病床（病院）	1.795 (1.291)	2.148 (1.616)	2.155 (1.631)	0.668 (1.844)	0.443 (2.698)
人口当たり病床（診療所）	3.220 (2.436)	2.319 (3.050)	-0.436 (3.079)	-2.174 (3.481)	-5.620 (5.093)
65歳以上人口当たり介護福祉施設定員	0.042*** (0.013)	0.044*** (0.016)	0.059*** (0.016)	0.042** (0.018)	-0.004 (0.027)
65歳以上人口当たり介護保健施設定員	0.025* (0.014)	0.044** (0.017)	0.057*** (0.018)	0.071*** (0.020)	0.063** (0.029)
65歳以上人口当たり訪問介護数	-0.008 (0.007)	-0.006 (0.008)	0.000 (0.008)	0.006 (0.009)	0.001 (0.014)
65歳以上人口当たり通所介護数	-0.010** (0.005)	-0.016** (0.006)	-0.014** (0.006)	-0.005 (0.007)	-0.009 (0.010)
昼間流出者割合	0.023** (0.010)	0.028** (0.012)	0.028** (0.012)	0.014 (0.014)	0.012 (0.020)
15年ダミー	0.148*** (0.022)	0.088*** (0.028)	0.047* (0.028)	-0.011 (0.032)	-0.222*** (0.046)
10年ダミー	0.086*** (0.012)	0.041*** (0.015)	0.008 (0.015)	-0.023 (0.017)	-0.121*** (0.025)
定　数	0.357 (0.336)	0.301 (0.420)	-0.350 (0.424)	-0.929* (0.480)	-1.443** (0.702)
標本数	2309	2309	2309	2309	2309
グループ数	943	943	943	943	943
R^2(overall)	0.2551	0.1991	0.2523	0.2657	0.2667
Hausman検定	χ^2=3247.57 P=0.0000	χ^2=275.76 P=0.0000	χ^2=263.21 P=0.0000	χ^2=230.93 P=0.0000	χ^2=118.37 P=0.0000

注：***，**，*はそれぞれ1%有意，5%有意，10%有意。括弧内は標準誤差。被説明変数，説明変数とも対数値。NSD（基準化された標準距離）の変数はその変数をxとした場合に$\log(x+1)$を用いて対数変換した数値。FEは固定効果分析，REは変量効果分析。
出所：筆者作成。

表4-4 国民健康保険の被保険者1人当たり医療費への影響

	医療費(FE)	医療費(RE)
NSD（基準化された標準距離）	0.150***	0.122***
	(0.055)	(0.013)
駅からの距離（-500 m）	-0.001	0.003
	(0.002)	(0.002)
駅からの距離（500 m-1 km）	-0.006**	-0.001
	(0.002)	(0.002)
駅からの距離（1-2 km）	-0.005**	0.002
	(0.002)	(0.002)
バス停からの距離（-100 m）	-0.0003	0.0001
	(0.001)	(0.001)
バス停からの距離（100 m-200 m）	-0.001	-0.001
	(0.001)	(0.001)
40歳以上人口割合	0.246***	0.204***
	(0.049)	(0.043)
65歳以上人口/40歳以上人口割合	0.021	0.109***
	(0.016)	(0.016)
1次産業就業者割合	-0.031***	0.005
	(0.012)	(0.005)
2次産業就業者割合	-0.023	-0.010
	(0.026)	(0.016)
専門職数割合	0.009	0.019**
	(0.009)	(0.008)
自営業者数割合	0.022	-0.067
	(0.026)	(0.015)
スポーツ社会活動時間	0.107*	0.214***
	(0.058)	(0.055)
酒類消費数量	0.070***	0.095***
	(0.017)	(0.015)
昼間流出者割合	-0.0003	-0.007***
	(0.004)	(0.002)
15年ダミー	0.275***	0.249***
	(0.007)	(0.005)
10年ダミー	0.154***	0.145***
	(0.004)	(0.003)
定　数	11.140***	11.022***
	(0.236)	(0.172)
標本数	3,167	3,167
グループ数	1,093	1,093
R^2(overall)	0.5051	0.5753
Hausman検定	$\chi^2 = 545.09$ $P = 0.0000$	

注：***，**，*はそれぞれ1%有意，5%有意，10%有意。括弧内は標準誤差。被説明変数，説明変数とも対数値。NSD（基準化された標準距離）の変数はその変数を x とした場合に $\log(x+1)$ を用いて対数変換した数値。FEは固定効果分析，REは変量効果分析。

出所：筆者作成。

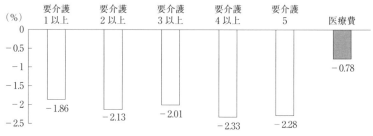

図4-1 NSDが10%低下した場合の要介護度のグループごとの認定率，医療費への影響

出所：筆者作成。

要介護4以上と要介護5との比較では，小幅ではあるが後者より前者が大きい。

この背景としては，健康の深刻な悪化を防ぐには，健康に軽い問題がある者にとって，普段からの歩行などの運動が効果的であることが示されたといえる。

以上から，仮説1のうち要介護度の高いグループごとの認定率に関する部分についても支持された。

6.3 国民健康保険の医療費への影響に関する推定結果

国民健康保険の被保険者1人当たり医療費について推定した結果は，表4-4に示されている。NSDの係数は有意に正を示しており，都市のコンパクト度が高いときには，医療費が小さくなり，住民の健康状態が良好であるといえる。以上から仮説2は支持された。

6.4 NSDが10%低下した場合の要介護度のグループごとの認定率，医療費への影響

表4-3と表4-4の推定結果をもとに，市町村のコンパクト度が高くなり，それぞれのNSDが10%低下した場合の要介護認定率，要介護度の高いグループごとの認定率，国民健康保険の被保険者1人当たり医療費への影響は，図4-1に示されている。この場合，要介護認定率は1.9〜2.3%程度の減少，医療費については約0.8%の減少が生じることがわかる。

7. インプリケーション
住民の健康の視点から見たコンパクト化の意義

　本章では，都市のコンパクト度を示す指標であるNSDおよび健康指標としての「要介護認定率」と「国民健康保険の被保険者1人当たり医療費」を使用して，都市のコンパクト度が住民の健康状態にどのような影響を与えているかについての分析を行った。

　分析の結果，①都市のコンパクト度が高い市町村ほど要介護認定率は低いこと，②都市のコンパクト度が高い市町村ほど，要介護度の高いグループごとの認定率も低いこと，③都市のコンパクト度が高い市町村ほど国民健康保険における被保険者1人当たり医療費は低いことが明らかになった。この推定結果を前提とすれば，コンパクト度の高い都市を形成していった場合には，歩行の機会や距離の増大を通じて住民の健康状態も良好となり，将来的に要介護認定率や医療費は低くなると考えられる。そして，都市のコンパクト度が現状のままのケースに比べて，要介護認定者に対する給付額や医療費の総額も低くなると推察される。

　本章の分析結果を用いると，NSDが10%低下することによって，年間9兆円にも及ぶ要介護認定者に対する介護給付額に対しては1800億円程度の抑制効果があると試算できる[13]。また，同じく年間10兆円の国民健康保険における医療費に対しては，780億円程度の抑制効果があると試算できる。要介護認定率や医療費からわかる住民の健康状態の改善は，急速に増加を続けている高齢者を含めた医療・福祉予算の抑制の可能性をも示唆する。

　コンパクト化の効果としては，第1章で財政支出の抑制を指摘した（第8章も参照）。ただし，その分析対象は主に市町村の一般会計，とくにその中の土木費や教育費に関するものであった。本章の分析は，コンパクト化が介護や医療といった社会保険にかかる財政支出を抑制する効果を持つ可能性を示唆するものである。今後は，さらにその効果を発揮するための方策について分析を進めていく必要があると考えられる。

　＊　本章は，沓澤・赤井・竹本（2023）をベースに，大幅に加筆・修正したものである。

注

1 75歳以上の住民の割合を説明変数として推定を行う場合には，その75歳以上割合は，加齢により要介護2の認定を受けた者の割合だけでなく，その区分を超える要介護度，たとえば要介護3，4，5の認定を受けた者の割合にもプラスに影響する可能性が大きい。そのため，区分ごとの要介護度（この場合要介護2）の認定者の割合のみを個別に被説明変数とした場合，説明変数の1つである75歳以上の住民の割合が大きい場合でも，要介護3，4，5の認定を受けた者の割合がより大きくなり，場合によっては，要介護2の認定を受けた者の割合がむしろ低くなるといった過小推定となるおそれがある。したがって，各区分の要介護度以上の割合についての影響を見ることが望ましい。
2 本章の分析は，パネルデータを用いて，市町村単位での要介護認定率などについて分析を行うものであり，データの範囲を揃えた分析を行う必要がある。そのため，この方法が合理的である。ただし，杏澤ほか（2020）は人口規模の大きな市町村と小さな市町村の合併の場合には，市町村のコンパクト度が合併を通じて上がる（NSDの数値は下がる）ことが示されている。そのため，市町村合併が要介護認定率を引き下げる可能性がある。
3 要介護認定率については65歳以上の高齢者数を分母としており，それぞれの市町村内において若い年齢層の住民が多数存在し，あるいは平均年齢が低いとしても，そのことが要介護認定率を下げるなどの影響を及ぼすことはない。
4 2015年の「国勢調査」によれば，65歳以上の年齢層の住民における同一の市町村に居住する居住期間区分別の割合は下記のとおりである。本推定ではそれぞれの市町村の居住期間区分に応じて式（4-4）〜（4-6）に従って計測を行い，そこで算出された数値を説明変数に用いて推定を行う。

居住期間	出生時から	1年未満	1年以上 5年未満	5年以上 10年未満	10年以上 20年未満	20年以上
割合	7.87%	3.03%	7.52%	6.05%	11.62%	63.90%

5 それ以外については，「1年未満」は0.5年，「1〜5年」は3年，「10〜20年」は15年，「20年以上」は42.5年，「出生時から」は65年と設定する。「出生時から」については，介護認定の対象は65歳以上であるため，少なくとも65年は居住していることになり，この値とした。
6 内閣府（2018）は，要介護認定者数や認定率の地域差を推定するために，介護に直結するような重大な疾患の病気による死者数など，現状の高齢者の健康悪化をもとに分析を行っているが，いずれも介護に匹敵する健康悪化の状況をもとに推定を行っており，都市のコンパクト化などの環境や住民の生活行動の長期的な推移が高齢期の健康水準にどのような影響を与えるかとの観点から説明変数を選択している今回の分析とは趣旨が異なることから，内閣府が選択したこれらの変数は採用していない。
7 昼間流出者割合は，「昼間流出者数割合＝1－昼夜間人口比率」の関係にある。なお，流入している場合（値は負）は考慮する必要がないため，0としている。
8 人口が多く財政的に余裕のある市町村は要介護認定が相対的に甘くなる可能性も考えられるが，実際に財政力指数と要介護認定率の相関関係を見ると正の関係は見られず，むしろ厳しくなる傾向が認められる。この背景には財政力のある都市部は受け入れ施設が限られており，要介護認定が制限されているためであると思われる。そこで，より要

介護認定率に影響を与えると思われる変数として介護サービスの提供能力を表す「65歳以上人口当たり介護福祉施設定員数」「同介護保健施設定員数」「同通所介護数」「同訪問介護数」を加えて分析を行う。

9 65歳以上の高齢者層の就業者割合は高齢者層の健康状態の結果であって，原因でないと考えられるので，説明変数には加えず分析を行うこととする。

10 医療費の推定の中で，40歳以上の年齢割合とその中での65歳以上の年齢割合を説明変数に入れており，年齢層の影響をコントロールした上で，コンパクトシティが医療費に与えている影響を検証している。

11 分析の対象期間中に市町村間で人口移動が起きることは考えられ，その結果，それぞれの都市の中で健康志向の強い高齢者の割合が要介護認定率に影響を及ぼす可能性がある。また，弁護士，税理士のような専門職者，自営業者，非正規雇用者のような多様な職業，就業形態の割合に変化が生じ，それぞれの属性の者が支出する医療費の傾向の違いによって1人当たりの医療費に影響が生ずる可能性も否定できない。このため，本章では，健康志向の強い高齢者の動向を把握するため，スポーツ社会活動時間を説明変数として要介護認定率に与える影響を推定するとともに，就業者数に占める専門職者数や自営業者の割合を説明変数として医療費に与える影響の推定を行っている。なお，非正規雇用者については，パネルデータ分析に必要な3期間分のデータがないために説明変数に入れることは見送っている。

12 本分析では公共交通への利便性による歩行への影響を通じた健康への影響を検証するため，鉄道の駅までの距離区分別の住戸数割合を説明変数としている。この数値は，「住宅・土地統計調査」で市と人口1万5000人以上の町村を対象に集計を行っている。また，複数の市町村で広域行政事務組合や広域連合をつくって介護保険や国民医療保険の事務を運営している市町村があり，これらの市町村については個別の市町村の要介護認定率や医療費を特定できないことから分析対象から外している。さらに，東京都区部は区ごとではなく，23区全体を1つの都市として分析対象に加えた。そのため，複数年のパネルデータ分析が可能な対象市区町村は要介護認定率の推定では943，医療費の推定では1093であった。

13 介護の総費用の推定に関しては，表4-3で示された推定結果をもとに算出した要介護度ごとの認定率の減少率にそれぞれの要介護度に対応する介護支給額（2015年度の実績）を乗じて算出し，医療費については，医療費の総額に表4-4で示された医療費への影響を示す係数を乗ずることにより試算している。

第3部

コンパクト化の差異を生み出す要因

> 第3部では，都市のコンパクト化が進んだ自治体とそうでない自治体を生み出す要因をつかむために，第5章で土地利用規制の区域指定，第6章で市町村合併の有無やその形態とNSDの関係をそれぞれ分析する。土地利用規制の区域指定は自治体によって異なっており，厳しく運用した自治体ほど都市のコンパクト度は高い傾向にある（第5章）。市町村合併を行った自治体のうち，較差が大きい自治体間の合併においては，合併後に新しい中心部が形成されて都市のコンパクト化が促進されている（第6章）。したがって，これらの公共政策は，都市のコンパクト化に有益であることが示唆される。

第5章 土地利用規制の影響
　　　——市街化区域の設定でコンパクト化は進むのか？
第6章 市町村合併の影響
　　　——較差の大きな合併でコンパクト化は進むのか？

第 5 章

土地利用規制の影響
市街化区域の設定でコンパクト化は進むのか？

本章のポイント

　都市拡大の歴史的経緯の中で行われた土地利用規制は，市街地の拡大を抑制した可能性がある。ただし，その規制区域の大きさは自治体によって異なっていた。そのため，市街化が可能な面積を小さく指定した自治体は，そうでない自治体と比べて，コンパクト度の高い都市を実現している可能性がある。すなわち，厳しい土地利用規制によって都市のコンパクト化が進むと考えられる。

　そこで，本章では，序章で示されたNSD（基準化された標準距離）を，都市のコンパクト度を示す指標として用いて，土地利用規制と都市のコンパクト度の関係を分析する。

　分析の結果，「市街化区域」などの土地利用規制において市街化可能面積を自治体が小さく指定することや，全通勤者に占める自家用車利用者の割合が低いことが，都市のコンパクト度に有意に正の効果を持つことが示された。すなわち，土地利用を規制する区域の厳格な指定と公共交通機関の利用促進によって都市のコンパクト化が実現できることが明らかとなった。また，市街地が郊外に拡張する以前の時期，つまり市街化が可能な区域が狭い地域に限定されている段階では，公共交通網を充実させることが都市のコンパクト化に効果的であるといえるだろう。

　したがって，本章の分析は，都市のコンパクト化に向けた初期の段階の公共政策の取り組みが都市のコンパクト化に有益であることを示唆している。

1. はじめに

　第1部や第2部で言及されたように，都市のコンパクト化は，さまざまな望ましい効果をもたらす。したがって，都市のコンパクト化を進めることは社会的に望ましい。そのためには，どのような要因で都市のコンパクト化が進むのか，それとも悪化するのかに関する分析が必要である。本章では，都市（基礎自治体の市町村，以下同じ）のコンパクト化の要因として，土地の利用規制に着目し，その効果を明らかにする。

　歴史的な背景を見ると，都市における市街地の範囲が拡大した根本的な原因は，戦後の人口増加である。また，高度経済成長の下で農村から都市へと人口が流入したことも原因である。こうした急速な市街化の進行の下では，市街化に伴い必要とされる道路，公園，下水道などの公共施設の需要が急増する一方で，それぞれの自治体では財政上の制約からそれらの公共施設の整備が追い付かず，無秩序な市街地が外延化するスプロール現象が見られるようになった。こうした現象は，交通混雑，居住環境の悪化，防災性の低下などの弊害を生むことになった。そこで，こうした無秩序な市街地の拡大を抑制し，都市化をコントロールする観点から，1968年に都市計画法（新法）が制定され，現在の都市計画制度がスタートした。

　同法は，「昭和30年代後半から40年代にかけての高度経済成長の過程で，都市への急速な人口や諸機能の集中が進み，市街地の無秩序な外延化が全国共通の課題として深刻化したこと」（都市計画中央審議会，2000〔章末，参考資料〕）に対応し，「一体の都市として総合的に整備，開発，保全すべき区域を都市計画区域として指定し，当該区域の無秩序な市街化の防止と計画的な市街化を図るため，新たに市街化区域と市街化調整区域とに区分（線引き）する」（都市計画中央審議会，2000）こととした。

　その後は，バブル経済の崩壊や少子高齢化社会の到来により，市街地の外延化は従来ほどには激しく進んでいない。しかし，過去に市街化区域を広範囲に設定した自治体では，低密度の住宅市街地が形成され，人口規模に対して過大な公共施設の維持保全や更新のための財政負担に耐えられなくなる懸念がある。一方で，早い段階から将来の人口動態に見合うように市街化区域を設定した自

治体では，コンパクトな市街地を維持し，公共施設の維持・更新の財政負担も軽減できている事例が見られる。

　市街化区域の設定をはじめとした土地利用規制によって，都市における市街地拡大は全国的に抑制されたのであろうか。次節で述べられるように，先行研究はあるものの，データに基づく分析は行われていない。そこで，本章では，自治体が指定する土地利用を規制する区域の大きさの違いが都市のコンパクト化にどのような影響を与えたかを明らかにする。具体的には，自治体が市街化区域を人口規模に対して狭く指定するといった土地の利用規制が，都市のコンパクト化に影響を与えたかどうかを検証する。

　本章は以下のように構成される。次節では先行研究とその限界を，第3節では本章の新規性を，第4節では本分析での仮説を説明する。続く第5節では推定モデルとデータを，第6節では推定結果を述べる。最後に，第7節でインプリケーションをまとめる。

2. 先行研究とその限界

　1970年代から80年代頃の都市拡大と都市計画の関係についての先行研究を見ていこう。北村ほか（1980）は，神奈川県秦野市においては，「『1970年3月決定の用途地域を基礎として，比較的低密度で，緑の多い住宅地の建設と必要な工場敷地を確保できるよう配慮』するなど，県および市は，住宅地化や工業化を進めるために土地を確保し，ひいては秦野市の行政的需要を満たし，もっぱら都市化の促進方向をめざした」と述べている。県は広域的な視野を持っているため，すべての地域での拡がりには危険を感じていたようであるが，市のレベルでは，他の市の拡大に負けないようにとの競争意識もあり，拡大策をとる傾向にあった。本来は県が広域的に調整すべきであるが，「市の市街化区域拡大案を全面的に認めた」（北村ほか，1980）とあるように，その歯止めが効かなかったようである。

　平井（1970）は，農業用地が宅地化されたことで農業経営が影響を受ける懸念を示している。つまり工業化の流れの中で，都市部における農業の重要性が相対的に低下していたともいえ，そのことが都市拡大が容認された理由と思われる。

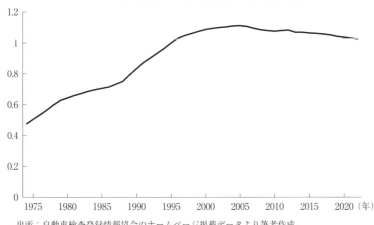

図5-1　自家用乗用車の世帯当たり普及台数の推移

出所：自動車検査登録情報協会のホームページ掲載データより筆者作成。

　これらの先行研究からは，少なくともいくつかの自治体がとった市街化区域を拡大させたり農業用地を宅地化させたりといった安価な宅地の確保を容易にさせる政策が，都市計画法による土地の利用規制がもたらす効果を弱めた可能性が読み取れる。つまり，都市計画法によって無秩序な都市の拡大を防ぐことができたかどうかは，各自治体の運用次第であった可能性があるのだ。

　1970年頃から所得の拡大につれ，いつでもどこにでも移動が可能となる自家用車の普及が急速に進み，世帯当たり普及台数も増加していった（図5-1参照）。私的交通としてのモータリゼーションの波がやってきたのである。こうした現象を踏まえて，安山ほか（1979）は，「都市規模の小さい地方都市では，モータリゼーションの進行はいたるところを便利で安価な宅地にする可能性をもたらした。その結果として，低密度な郊外地帯が面的に拡がりつつある」と指摘している。自家用車が普及したことで，居住者が郊外の宅地を求めた結果，郊外地帯が面的に拡大した可能性がある。

　しかしながら，以上であげた先行研究には，いずれもデータによる検証がなされていないという限界がある。

第5章　土地利用規制の影響

3. 本章の新規性

　本章では，土地利用を規制する区域の自治体による指定の違いが都市のコンパクト化へ与える影響を検証する。その際に，「都市のコンパクト度」を的確に評価し分析を行うため，序章で提案した NSD を用いる。
　これまでに上記の検証を目的としてこの指標を用いた研究はなく，ここに新規性がある。この指標は，都市における居住と中心地との距離や人口の厚みの状況を反映しており，本章の狙いである土地利用規制のコンパクト化への影響を捉える指標として適切である。また，パネル分析を行うことで，各都市のサンプルの固定効果を取り除いた分析を行う。
　以上より，的確な指標を活用しパネル分析を行うことで，土地利用規制がコンパクト化にどのような影響を与えるのかを的確に検証することができるという点で，本章は，都市のコンパクト化を実現する政策の制度設計に貢献できると考えられる。

4. 仮説──市街化区域の設定でコンパクト化は進むのか

　本章では，上記の議論を踏まえ，「市街化区域の設定でコンパクト化は進むのか」という大きな問いに対して，具体的に以下の仮説を検証する。

　仮説1：1人当たり市街化可能面積を小さく指定した自治体の方が，都市のコンパクト度は高い。

　都市計画法の本則では都市計画区域すべてで線引きをすることとなっているが，「附則で，当分の間，特にスプロールの激しい三大都市圏等の都市計画区域のみに，その適用対象を限定するという形をとって」（都市計画中央審議会，2000）いた。そのため，線引きが行われている都市計画区域とそうでない都市計画区域が全国で混在することとなった[1]。
　線引きが行われている都市の場合，都市計画法第7条第2項により「すでに市街地を形成している区域及びおおむね10年以内に優先的かつ計画的に市街

化を図るべき区域」を市街化区域として，住宅等の建設を認めたのに対して，「市街化を抑制すべき区域」である市街化調整区域では住宅の建設等は原則として許可されることはなく，市街地を形成することは困難である。このため，将来の人口増加を予想して市街化区域を広範に指定した場合，その分だけ住宅等を建設できる土地が広く確保され，居住者がそこに住むことから市街地の外延化が進行する可能性がある。

　また，線引きが行われていない都市の場合，山林を除けば，農業振興地域の整備に関する法律による農用地区域以外の地域では住宅の建設等が可能であることから，そうした地域が広く指定されれば，同様に市街地の外延化が進行する可能性がある。

　そこで，地方自治体がその運用により土地の利用規制を厳しくして市街化可能面積を小さくした場合に，都市のコンパクト化に影響を与えるかを検証する。市街化可能面積は自治体の裁量が入り込む余地のある変数である。さらに，どこに住宅が立地するかは，地価や利便性などさまざまな経済的要因に左右されるため，法的に住宅が建設できる場所だからとしても，必ずしも住宅が立つとは限らない。そのため，市街化可能面積が大きかったとしても，必ずしも市街地の外延化が起こるとは限らないのである。つまり，市街化可能面積が都市のコンパクト化に影響するかどうかは自明とはいえない。

　仮説2：自家用車利用率が低い自治体の方が，都市のコンパクト度は高い。

　第2節で指摘したモータリゼーションの結果，自家用車での通勤が可能であれば，住むところを最寄り駅の近くにするなどの制約がなくなり，居住場所に関する選択の自由度が高まる。その結果，安定的に安価な宅地が得られる郊外に居住して，都市中心部に通勤するという選択を行う住民が増加する可能性が高まる。この傾向は，公共交通網が整備されず，自家用車による通勤を選択するしかない都市でとくに強い。そのため，そのような都市では市街地の外延化が進む可能性が高い。これに対して，バスや鉄道等の公共交通網が整備されていれば，その利用が可能な街中の最寄り駅に近い場所に居住する選択をする人が相対的に多くなり，郊外の居住を選択する人の割合が少なくなる可能性がある。

そこで，本章では，公共交通網の発達度の裏返しとして自家用車利用率を捉え，この割合が都市のコンパクト化に影響を与えたかどうかを検証する。

5. 推定モデルとデータ

5.1 推定モデル

仮説1と2を検証するために，まずNSDを被説明変数，市街化可能面積と自家用車利用率などを説明変数とした回帰分析を，以下の式（5-1）を用いて行う（モデル(1)）。

$$\ln NSD_i = \alpha + \beta x_i + \gamma T_i + \theta A_i + \varepsilon_i \tag{5-1}$$

ここで，NSD_i は都市 i の NSD，x_i は1人当たり市街化可能面積，T_i は自家用車利用率，A_i は都市 i のそれ以外の属性で，具体的には65歳以上人口割合，産業別就業者割合，合併都市ダミーである。α は定数項，ε_i は誤差項で，標準的な線形回帰モデルの性質を満たすとする。また，1人当たり市街化可能面積と自家用車利用率の交差項を入れた分析を，以下の式（5-2）を用いて行う（モデル(2)）。

$$\ln NSD_i = \alpha + \beta x_i + \gamma T_i + \delta x_i T_i + \theta A_i + \varepsilon_i \tag{5-2}$$

次に，市街地の外延化すなわちNSDの値が逆に自家用車利用率に影響するという同時性の問題が生ずる可能性がある。そこで，2000年と2010年のパネルデータによる固定効果分析と，都市の商業地の移動速度を自家用車利用率に対する操作変数とする操作変数法による分析の2つを追加的に行う。具体的には，前者は式（5-3）を，後者は式（5-4）を用いて分析を行う（モデル(3)と(4)）。

$$\ln NSD_{it} = \alpha + \beta x_{it} + \gamma T_{it} + \theta A_{it} + \mu_i + \tau_t + \varepsilon_{it} \tag{5-3}$$

ここで，NSD_{it} は固定効果モデルによる推計を行った場合の都市 i での t 時点における NSD，x_{it} は1人当たりの市街化可能面積，T_{it} は自家用車利用率，A_{it} は65歳以上人口割合・産業別就業者割合・合併都市ダミーである。また，μ_i は固体効果，τ_t は時間効果，ε_{it} は誤差項を表す。

$$\ln NSD_i = \alpha + \beta x_i + \gamma T_i + \theta A_i + \varepsilon_i$$
$$T_i = \phi x_i + \sigma S_i + \omega_i \tag{5-4}$$

式（5-4）は，NSDと自家用車利用率との同時性の問題に対応した操作変数法による分析である。まず，2番目の式に従い，DIDの商業地域内の混雑時の

旅行速度（S_i）およびその他の変数を操作変数，自家用車利用率を被操作変数として推計を行う．次に1番目の式に従い，1人当たり市街化可能面積その他の説明変数を使ってNSDを推計する．ω_iは誤差項を表す．

5.2 データ

まず，被説明変数として用いるNSDは，国勢調査の1kmメッシュデータをもとに2010年時点で人口3万人以上の都市782を対象に算出した[2]．ただし，東京都区部は，市街地が特別区を越えて都区部全体に拡がっているが，その区域を統括する基礎自治体がなく，行政機能も他の基礎自治体とは大きく異なることから，林（2002），川崎（2009）と同様に分析の対象から除いている．

次に，説明変数には，以下を用いて分析を行う．それらは，①1人当たり市街化可能面積，②自家用車利用率，③65歳以上人口割合，④産業別就業者割合，⑤2000年以降の合併都市ダミーである．①の「1人当たり市街化可能面積」は，人口規模を考慮した市街地の大きさのことで，下記のように計算される．

(A) 市街化区域が設定されている場合は，市街化調整区域では市街化が原則できないので，都市計画区域の面積から市街化調整区域の面積を除いた面積を市街化可能面積とする．

(B) それ以外では，農業振興地域の整備に関する法律による農用地区域内の農地は原則として他の利用への転用ができないこととされているため，宅地と農地をあわせた可住地面積からこの区域の面積を除いた面積を市街化可能面積とする．

この値が小さければ，それだけ市街地の外延化を抑えられ，都市のコンパクト化が図られる可能性がある．

②の自家用車利用率は，国勢調査で通勤の際に使用する移動手段として「自家用車」と答えた者の割合である．この数値が高ければ，市街地の外延化が進む可能性がある．逆に低ければ，都市のコンパクト化が進行する可能性がある．

市街地の外延化が進んだ高度経済成長期頃に郊外の住宅に居住した人々は，現在は高齢者となり，中心部へ移動するには経済的，身体的な制約が大きい．③の65歳以上人口割合はそれをコントロールするための変数である．

第1次産業である農林水産業従事者は，第2次産業である鉱工業従事者や第3次産業である商業従事者よりも就労場所が都市周辺部となりやすい．そのた

表5-1 基本統計量

変　　数	標本数	平　均	標準偏差	最小値	最大値
NSD（基準化された標準距離）	1,564	1.5803	1.0480	0.3473	9.9255
1人当たり市街化可能面積（単位：ha/人）	1,564	0.0615	0.0694	0.0021	0.6153
自家用車利用率	1,564	0.5987	0.1881	0.0487	0.8540
65歳以上人口割合	1,564	0.2118	0.0563	0.0773	0.3863
第2次産業就業者割合	1,564	0.3010	0.0791	0.1132	0.6071
第3次産業就業者割合	1,564	0.6347	0.0957	0.3644	0.8792
合併都市ダミー（2005-09年度）	1,564	0.2148	0.4110	0	1
合併都市ダミー（2000-04年度）	1,564	0.3338	0.4719	0	1
旅行速度（DID内の商業地区）（単位：km/時間）	782	19.4785	3.0951	13.5	29.1

注：旅行速度は2010年の1カ年分についてである。
出所：総務省（2000, 2010）「国勢調査」「国勢調査　地域メッシュ統計」；農林水産省（2010）「農業振興地域の管理状況調査」；国土交通省（2000）「都市計画年報」；国土交通省（2010）「都市計画現況調査」http://www.mlit.go.jp/toshi/city_plan/toshi_city_plan_fr_000021.html；国土交通省（2010）「平成22年度　全国道路・街路交通情勢調査（道路交通センサス）」http://www.mlit.go.jp/road/census/h22-1/より筆者作成。

表5-2 2000年と2010年の各変数の平均値およびその変化率

変　　数	2000年	2010年	変化率	
基準化された標準距離	1.5845	1.5764	0.51%	減少
1人当たり市街化可能面積（ha/人）	0.0615	0.0614	0.14%	減少
自家用車利用率	0.5863	0.6112	4.25%	増加
65歳以上人口割合	0.1823	0.2414	32.42%	増加
第2次産業就業者割合	0.3240	0.2781	14.17%	減少
第3次産業就業者割合	0.6061	0.6632	9.42%	増大

出所：表5-1と同じ。

め，第1次産業就業者割合が高いと，NSDが大きくなる可能性がある。④の産業別就業者割合は，そのような状況をコントロールするための変数である。

合併を経験した都市は，合併前の中心市街地がそのまま引き継がれるため，複数の市街地が存在することとなり，その分だけNSDは大きくならざるをえない。⑤の合併都市ダミーは，そのような点をコントロールするための変数である。

これらの変数のうち市街化可能面積は，国土交通省「都市計画年報」，「都市計画現況調査」および農林水産省「農業振興地域の管理状況調査」により，旅行速度は国土交通省「道路交通センサス」により得た。使用するデータの年次

は，モデル(1)と(2)，(4)は2010年，モデル(3)は2000年と2010年の2カ年のパネルデータである。これらの被説明変数と説明変数の基本統計量が表5-1であり，2000年と2010年の各変数の平均値およびその変化率を示しているのが表5-2である。

6. 推定結果

本章では，NSDへの影響に関して，4つのタイプの推定を行った。まず，表5-3には，モデル(1)と(2)に対する最小二乗法による推定結果が示されている。モデル(1)は，「1人当たり市街化可能面積」と「自家用車利用率」を説明変数として用いた推定である。モデル(2)は，これに加え，「1人当たり市街化可能面積」と「自家用車利用率」の交差項を説明変数とした推定である。

表5-3 最小二乗法（OLS）による推定結果

	モデル(1)：最小二乗法（OLS）	モデル(2)：最小二乗法（OLS）（交差項あり）
1人当たり市街化可能面積	0.1068*** (0.0141)	0.4334*** (0.0683)
自家用車利用率	1.1723*** (0.0804)	3.2117*** (0.4248)
1人当たり市街化可能面積×自家用車利用率		−0.4391*** (0.0898)
65歳以上人口割合	3.1949*** (0.2927)	3.2117*** (0.2885)
第2次産業就業者割合	−2.2530*** (0.2518)	−2.3673*** (0.2492)
第3次産業就業者割合	−2.1988*** (0.2620)	−2.5372*** (0.2674)
合併都市ダミー（2005-09年度）	0.0324 (0.0260)	0.0210 (0.0258)
合併都市ダミー（2000-04年度）	0.1732*** (0.0238)	0.1684*** (0.0235)
定　数	4.7753*** (0.2933)	3.5079*** (0.3883)
標本数	782	782
Adj. R^2	0.8084	0.8139

注：***は1％有意。括弧内は標準誤差。NSDと1人当たり市街化可能面積は対数値。
出所：筆者作成。

第5章　土地利用規制の影響　101

まず，仮説1についてである。モデル(1)と(2)ともに，1人当たり市街化可能面積の係数は1％水準で有意に正となった。このことは，土地の利用規制とそれによる人口規模を考慮した市街地の小ささが，都市のコンパクト化を促進していることを示している[3]。

　次に，仮説2についてである。モデル(1)と(2)ともに，自家用車利用率の係数は1％水準で有意に正となった。これは，バスなどの公共交通機関を充実させて自家用車利用率を下げた場合には，NSDの低下，すなわち都市のコンパクト化にとってプラスであることを示唆している。さらに，モデル(2)では，「1人当たり市街化可能面積」と「自家用車利用率」との交差項の係数は有意に負となった。この負の係数が意味するところは，それぞれの変数が都市を拡大させる効果は，もう一方の変数が大きいほど小さいことを示している。たとえば，市街化可能面積が大きい下では，自家用車利用率が低下することの効果が打ち消されることになる。すなわち法的に利用できる面積が大きい下では公共交通が利用できるようになっても，都市の中心部に住むインセンティブが小さくなることを示唆している。そのため，コンパクト化を実現しようとすれば，たとえば市街化可能面積が小さいうちに，公共交通網を充実させることで，自家用車利用率を抑制する方策を講ずることが効果的であるといえよう。

　このほか，65歳以上人口割合の係数は1％水準で有意に正となっており，高齢化が進んでいる都市ほど市街地が外延化しやすい状況を示している。第2次産業・第3次産業就業者割合の係数は1％水準で有意に負となっており，農林水産業よりはコンパクト化に寄与する状況を示している。都市の合併に関しては，2000年度から2004年度までに合併を経験した都市ダミーの係数は1％水準で有意に正となっている。この結果は，合併により複数の市街地が併存している都市は，合併を経験していない都市よりも市街地が拡散する傾向があることを示している。

　最後に，追加分析の結果についてである。説明変数である自家用車利用率については，自家用車利用率が増加することにより市街地が外延化する可能性がある一方で，市街地が外延化したために自家用車利用率が増加した可能性があるという同時性の問題が生じうる。このため，パネルデータによる推定および操作変数法による推定も加えて分析することが望ましい。そこで，パネルデータによる固定効果分析および操作変数法の分析を行った。推定結果は表5-4に

表5-4 固定効果分析（FE）および操作変数法（IV）による推定結果

	モデル(3)：固定効果分析（FE）	モデル(4)：操作変数法（IV）
1人当たり市街化可能面積	0.0170*** (0.0050)	0.0711*** (0.0192)
自家用車利用率	0.4551*** (0.0480)	1.7393*** (0.2176)
65歳以上人口割合	0.0069 (0.0638)	3.2530*** (0.3011)
第2次産業就業者割合	−0.4212** (0.1656)	−2.1545*** (0.2607)
第3次産業就業者割合	−0.6884*** (0.1404)	−1.4938*** (0.3674)
合併都市ダミー（2005-09年度）	−0.0063* (0.0038)	0.0018 (0.0289)
合併都市ダミー（2000-04年度）	−0.0032 (0.0035)	0.1463*** (0.0263)
定　数	5.0648*** (0.1326)	4.1433*** (0.3755)
混雑時の旅行速度（自家用車利用率に対する係数）	— —	0.0161*** (0.0014)
標　本　数	1,564	1,564
R^2(overall)／Adj. R^2	0.6899	0.7979
Hausman検定	604.2400 $P=0.0000$	
F検定（内生性）		8.4380 $P=0.0037$

注：***は1%有意，**は5%有意，*は10%有意。括弧内は標準誤差。NSDと1人当たり市街化可能面積は対数値。
出所：筆者作成。

示されている。

　モデル(3)は，2000年と2010年の2カ年のパネルデータによる固定効果分析により，各地域の固定効果を考慮した推定結果である。また，モデル(4)は，操作変数法により自家用車利用率の内生性を考慮した推定結果である。なお，自家用車利用率に対する操作変数としては，都市の商業地の移動速度を用いている。1人当たり市街化可能面積と自家用車利用率については，モデル(3)と(4)の推定結果も，モデル(1)の結果と同様となった。ただし，これらの追加分析のうち固定効果分析における係数の数値（市街化可能面積0.0170，自家用車利用率0.4551）は，最小二乗法の場合（市街化可能面積0.1068，自家用車利用率1.1723）

と比べて大幅に小さくなっている。このことは，市街化可能面積がすでに十分に拡がり，自家用車利用率もかなり高くなっている下では，直近の部分的な市街化区域の縮小が行われたり，あるいは自家用車の利用を制限したりしても，都市のコンパクト化には大した効果はもたらさないことを示唆している。

65歳以上人口割合や第2次産業・第3次産業就業者割合もモデル(1)と同様の結果であった。一方，2005年度以降に合併を経験した都市ダミーについては，モデル(3)では10％水準ではあるが，有意に負となった。このことは，合併後にその他の都市に比べ都市のコンパクト化が進んでいることを示唆している。

7. インプリケーション
—— コンパクト化の視点から見た土地利用規制の評価

本章では，都市のコンパクト度がいかなる要因に影響されているのかを分析した。具体的には，都市計画に位置づけられた市街化区域等の自治体による指定の違い（およびそれによる市街化可能面積の大きさ）や自家用車利用率の違いが，都市のコンパクト度を示す指標であるNSDに与える影響を最小二乗法，パネルデータによる固定効果分析，操作変数法による分析によって検証した。

分析の結果，①1人当たり市街化可能面積を小さく指定した自治体の方が都市のコンパクト度は高い，②自家用車利用率が低い自治体の方が都市のコンパクト度は高いことが明らかとなった。操作変数法による推定結果を用いると，1人当たり市街化可能面積が2010年の数値から10％減少した場合にはNSDが0.75％低下し，自家用車利用率が10％減少した場合にはNSDが10.08％低下すると試算できる[4]。

また，早い段階で市街化区域が狭いエリアに限定されている地域ほど，これらの変数を縮小化することによるコンパクト化への効果が大きいことがわかった。このことから，郊外への市街地の外延化が進む前の早期対策が，都市のコンパクト化に効果的であると示唆される。

本章の結果から，国による市街化区域等の設定の義務付けの有効性が確かめられたが，その義務付けの範囲（三大都市圏，人口10万人以上の都市，新産業都市，工業整備特別地域の都市）が限定的であったことへの評価も必要であろう。2000年の都市計画法の改正により市街化区域等の設定の義務付けは三大都市

圏を除き廃止され，香川県などいくつかの都市で市街化区域の設定を廃止した自治体も出ている。一方で鶴岡市のように新しく線引きを始めている自治体もある。こうした動きによる市街地の外延化の効果がどの程度変化しているかを見極めていく必要がある。

また，この結果を今後の政策に活かすためにも，本章で注目した土地利用規制が，一度拡がった市街地のコンパクト化にも有効であるかを検証する必要もある。とくに，2014年に都市再生特別措置法等が改正され，地方自治体が立地適正化計画を策定し，都市のコンパクト化に向けた施策を講ずることができることとなった。これはかつての市街化区域等の設定のような土地利用に対する強制力を伴った施策ではなく，都市中心部への機能立地の誘導策が中心である。こうした方策が費用に見合った政策効果を生ずるものであるかどうかの検証を行うことも今後必要であろう。

* 本章は，沓澤ほか（2018）をベースに，大幅に加筆修正したものである。

注
1　その後，2000年に，第2次答申「今後の都市政策は，いかにあるべきか」（都市計画中央審議会，2000）が提出された。それを受けて，同年に都市計画法と建築基準法が改正され，都道府県が地域の実情を勘案して線引きを行うかどうかを決めることとなった。ただし，三大都市圏等については引き続き線引きが義務付けられている。これによって，地方政府の判断で，線引き都市計画区域と非線引き都市計画区域が混在することとなったが，制度変更前と比べて線引きを止めた市はそれほど多くない。
2　自治体の中には，行政区域を越えて市街地が拡がっている例も想定されるが，データの制約もあり，本章では基礎自治体単位での分析を行うこととした。
3　この結果に対して，市街化区域（から計算した市街化可能面積）は，過去の時点で将来の人口をもとに指定されてきている一方で，被説明変数である標準距離も人口に依存し，この結果は，人口という第3の変数による見かけの関係ではないのかという指摘も考えられるが，本章で採用しているNSDは，前節の（5-2）の計算式に示したように人口の要素は含まれていない。そのため，そのような関係を示しているとは考えにくい。
4　推定結果を用いると，1人当たり市街化可能面積や自家用車利用率の10％減少による標準距離への影響は以下のように算出できる。1人当たり市街化可能面積：$\exp(0.0711 \times (\ln(0.0614 \times 0.9) - \ln 0.0614)) - 1 \fallingdotseq -0.0075$，自家用車利用率：$\exp(1.7393 \times 0.9 \times 0.6112) / \exp(1.7393 \times 0.6112) - 1 \fallingdotseq -0.1008$

参考資料
都市計画中央審議会（2000）「今後の都市政策は，いかにあるべきか」第2次答申［経済社会の変化を踏まえた新たな都市計画制度のあり方について］

第6章

市町村合併の影響
較差の大きな合併でコンパクト化は進むのか？

本章のポイント

市町村合併が行われた後には，新しい自治体の中心部が新たに1つ形成され，そこに人口や業務機能が集中するようになっていく可能性がある。すなわち，市町村合併によって都市のコンパクト化が進むと考えらえる。

そこで，本章では，序章で示されたNSD（基準化された標準距離）を，都市のコンパクト度を示す指標として用いて，市町村合併と都市のコンパクト度の関係を分析する。

分析の結果，①市町村合併が都市のコンパクト化を進めること，②人口や財政力で旧市町村間の較差（1番目と2番目の市町村の人口，財政力の差）が大きい「較差型」の合併が都市のコンパクト化を進める傾向が強いこと，③合併が行われた年から年数が経過するにつれてよりコンパクト化が進行することが明らかとなった。

したがって，本章の分析は，市町村合併が単に人口規模の確保となるだけでなく，都市のコンパクト化に有益であることを示唆している。

1. はじめに

市町村合併は明治時代から断続的に進められてきたが，最近において大規模に行われたのは，1999（平成11）年度から2009（平成21）年度にかけてのいわゆる「平成の大合併」である。この背景として，総務省（2010〔章末，参考資

料〕）によれば，「人口減少・少子高齢化が進展し，国・地方を通じた巨額の債務等の深刻な財政状況下において，複雑・多様化する住民サービスを提供しなければならない」という市町村財政を取り巻く環境の厳しさが掲げられている。市町村の人口規模の確保が1人当たり歳出の抑制に寄与しうることは，中井（1988），原田・川崎（2000），林（2002），竹本ほか（2005），中村（2014）および本書の序章などで示されている。

　このため，国も市町村の合併の特例に関する法律を1999年に改正し，合併後の人口が3万人以上であれば市への昇格を認める特例のほか，合併後10カ年度に限り，経費の95％を充当でき，その償還額の70％を基準財政需要額に算入される合併特例債制度を設けることなどを通じて合併の促進を図ってきた。

　この結果，市町村合併は1999年度から2009年度にかけて急速に進行し，この期間の合併件数は640件となった。ただし，このうち2004年度と2005年度の2年間の合併が全体の約84％を占めている。市町村数も1998年度末の3232が2009年度末に1727となった。さらに，人口5万人以上の市が全体に占める割合は13.8％から31.5％に，人口10万人以上が6.81％から15.43％となり，一定の人口規模を有する自治体数が増加している。

　これらの合併は，市町村の人口規模の確保には貢献したが，都市郊外部に分散した人口が中心部に集中して高い密度を形成する状況，すなわち「都市のコンパクト化」にどのような影響を与えるのかについては，合併の形態にもよるところがあり，さらなる検討が求められる。

　もし合併する市町村の中に，人口が多く，行政や業務機能が大きな市町村があれば，合併後にその市町村の中心部に人口や業務機能が集中して，コンパクト化が進行する可能性がある。一方で，人口規模が似通った市町村同士が合併した場合，合併後に人口等が集中した中心業務地域が直ちには形成されず，コンパクト化も進まない可能性がある。

　本章では，市町村の合併の経緯と都市のコンパクト度を示す指標として序章で示した基準化された標準距離（normalized standard distance：NSD）の構成要素である標準距離（standard distance：SD），人口増減率をそれぞれパネルデータ化し，市町村固有の効果をコントロールした上で，市町村合併が「都市のコンパクト化」に与える影響を，合併の形態ごとに明らかにする。

　本章は以下のように構成される。次節では先行研究とその限界を，第3節で

は本章の新規性を，第4節では本分析での仮説を説明する。続く第5節では推定モデルとデータを，第6節では推定結果を述べる。最後に，第7節でインプリケーションをまとめる。

2. 先行研究とその限界

　市町村合併が都市をコンパクト化させる要因として，市役所等の統合が考えられる。「平成の大合併」において行われた市町村合併が，合併後に役所や本庁が置かれた地域とそれ以外での人口動態に与えた影響について分析した先行研究としては，畠山（2013），大城（2015），小池・山内（2015, 2016）がある。

　畠山（2013）は，2005年4月1日から2006年3月31日までに合併した市町村を対象に合併前の人口増減と合併後の人口増減との比較を行い，合併前の役所が支所化された市町村の人口減少が顕著であり，支所化された市町村の中でも本庁から遠距離の市町村での人口減少が顕著であることを示した。

　大城（2015）は，北海道と愛知県内で2004年12月～06年4月に合併した市町村の1995～2010年の人口を分析した。その結果，合併後は中心区域（本庁所在区域）では人口は増加し，非中心地域（非本庁所在区域）の大多数では減少し，さらにその格差は拡大傾向にあると指摘している。

　小池・山内（2015）は，2000年10月～10年10月に合併した非大都市圏の市町村を対象に，2000年10月1日時点の市町村境域の人口推移を分析した。合併後に役所が置かれた市町村を「中心地域」，置かれなかった市町村を「周辺地域」として，人口増減率の較差は拡大傾向にあり，人口移動傾向の変化の較差も拡がっていることを示した。

　小池・山内（2016）は，市役所等が立地しない周辺地域での人口流出の原因は，とくに「周辺地域」から役所が置かれた「中心地域」までの距離が遠い場合，中心地機能へのアクセスの悪化にある可能性を指摘している。市町村合併によって市役所等の庁舎が統合されると，行政の基幹的な意思決定もそこで行われるようになる。その結果，業務委託や建設契約の発注，許認可業務などの実質的権限の多くが合併後に市役所等の庁舎が立地する旧市町村に移り，それらに利害関係を有する住民や事業者がその庁舎の周辺に集中することになる。一方で，庁舎が立地しない旧市町村では合併後の庁舎から遠くなり，そうした

機能が失われる周辺地域ほど人口の転出が多くなる可能性がある。

　ただし，これらの先行研究では，分析の単位が合併前の市町村全体にとどまっており，都市の中での人口の分布状況および「都市のコンパクト化」を分析してはいない。

3. 本章の新規性

　本章では，市町村合併の都市のコンパクト化への影響を検証する。その際に，「都市のコンパクト度」を的確に評価し分析を行うため，序章で提案したNSDを用いる。ただし，市町村合併以外の社会経済情勢の変化が人口に与える影響を分析するためNSDの構成要素であるSDと人口の分析を別々に行う。

　これまでに上記の検証を目的としてこの指標を用いた研究はなく，ここに新規性がある。この指標は，都市における居住と中心地との距離や人口の厚みの状況を反映しており，本章の狙いである市町村合併のコンパクト化への影響を捉える指標として適切である。また，パネル分析を行うことで，各都市のサンプルの固定効果を取り除いた分析を行う。

　以上より，的確な指標を活用しパネル分析を行うことで，市町村合併がコンパクト化にどのような影響を与えるのかを的確に検証することができるという点で，本章は，都市のコンパクト化を実現する政策の制度設計に貢献できると考えられる。

4. 仮説——較差の大きな合併でコンパクト化は進むのか

　本章では，上記の議論を踏まえ，「較差の大きな合併でコンパクト化は進むのか」という大きな問いに対して，具体的に以下の仮説を検証する。

仮説1：市町村合併により都市はコンパクト化する。

　合併による市役所等の統合により，行政の意思決定や市民の経済社会活動に大きな影響を与える行政サービスの提供場所が一元化される。その結果，住民も行政サービスが受けやすい地域に立地すると期待され，街は合併前と比べて

コンパクト化すると考えられる[1]。

 仮説2：市町村合併において，合併する自治体間の人口・財政力の差が大きい「較差型」と小さい「同等型」では，コンパクト化に与える効果は異なる。

 合併後の行政サービスの集約化やその結果としての住民立地の集約の度合いは，合併の形態により異なると推察される。つまり，合併する市町村間の人口や財政力の点での較差が大きい「較差型」は，相対的に小さい「同等型」と比較して，行政サービスや住民立地の集約がいっそう進むと思われる。よって，「較差型」と「同等型」ではコンパクト化に与える効果は異なると考えられる。

 仮説3：合併からの期間が経つにつれ，コンパクト化への影響は高まる。ただし，この効果も合併のタイプ（「較差型」，「同等型」）により異なる。

 合併後の行政サービス集約化および住民立地への効果の度合いは，時間の経過とともに進むと考えられる。また，この進む程度も，合併する市町村間の人口・財政力の較差におけるタイプの違い（「較差型」または「同等型」）によって異なると考えられる。

5. 推定モデルとデータ

5.1 推定モデル

5.1.1 分析の前提

 前節で掲げた仮説を検証するためには，序章で提案した下記の式（6-1）に示したNSDを都市のコンパクト度を示す指標として実証分析を行う方法が考えられる。

$$NSD = SD/\sqrt{N} = \sqrt{\textstyle\sum_{m=1}^{n} h_m r_m^2 / N}/\sqrt{N} = \sqrt{\textstyle\sum_{m=1}^{n} h_m r_m^2}/N \quad (6\text{-}1)$$

 しかしながら，上記式（6-1）の右辺の人口 N に対する合併以外の効果，すなわち，地域の社会・経済状況の変化が人口に与える効果を適正に取り除くことは困難である。実際，合併した自治体のうち70.9％の自治体は1990年から2015年の間に人口を減少させている。これは，同じ時期に合併しなかった自

治体で人口が減少した割合が 36.3% にとどまっているのに対して著しく高率である。この背景には，もともと人口が減少している状況の中で，財政基盤を確保するために市町村合併に踏み切った自治体が多く存在するという事実があると考えられる。

そのため，NSD を被説明変数，市町村合併の有無や期間を説明変数とするパネルデータによる固定効果分析を行った場合には逆因果の関係が生じ，あたかも市町村合併が人口の減少をもたらしているかのような結果となる可能性が大きい。

したがって，NSD の分子と分母への合併の効果を別々に分析する。まず，分子の部分，すなわち，市町村合併が SD に与える影響を分析する。次に，分母の部分，つまり，市町村合併がそれぞれの市町村の人口増減率に与える影響を分析する。その上で，両者の分析結果をもとに市町村合併が都市のコンパクト度に与える影響を検証する。

以下では，仮説 1 を検証するためのモデルを 5.1.2 項で，仮説 2 を 5.1.3 項で，仮説 3 を 5.1.4 項で説明する。

5.1.2　推定モデル 1（ベースモデル）

上記の議論を踏まえ，前半では市町村合併が SD に与える影響を検証するために，以下の式（6-2）を用いて，パネルデータによる固定効果分析を行う。

$$\ln SD_{it} = \alpha + \beta x_{it} + \Sigma_l \gamma_l A_{it}^l + \mu_i + \tau_t + \varepsilon_{it} \tag{6-2}$$

ここで，SD_{it} は市町村 i の t 年度における SD，x_{it} は合併に関する変数，A_{it}^l は合併以外にコンパクト化に影響する市町村の属性に関する変数およびコンパクト化に影響する政策に関する変数（l は属性の種類）である。t 年度は，「分析対象年度」で，1995 年度，2000 年度，05 年度，10 年度，15 年度である[2]。μ_i は個体効果，τ_t は時間効果および ε_{it} は誤差項を表す。

以下では，各説明変数について説明する。まず，合併に関する説明変数は「合併の有無」と「合併からの期間」である。ただし，両変数は内容としては重複しているため，2 つの推計式に分けて分析を行う。

説明変数「合併の有無」は，t 年度の 10 月（国勢調査が実施された時点）以前に合併していれば 1，合併していなければ 0 となるダミー変数である。分析対象年度を通じて合併のない市町村ではすべて 0 とする。

説明変数「合併からの期間」は，合併後の経過年数に 1 を加えた値の対数値である。ただし，合併までの年度は 0（＝1 の対数）とし，分析対象年度を通じて合併のない市町村ではすべて 0 とする。ここで経過年数は，合併年月から t 年度の 10 月までの総月数を年数に換算した実数値である[3]。

　これらの合併に関する説明変数が SD に影響を与えるメカニズムとしては，次のようなことが考えられる。合併した市町村と合併のない市町村を比較する。合併のない市町村ではこれ以上の行政サービスの一元化の余地はなく，それによるコンパクト化の進行はない。それに対して，合併した市町村は，合併によってその分だけより一元化が進み，これによるコンパクト化が相対的により進むと推察される。そのため，合併に関する説明変数は SD に対して正の効果があると考えられる。

　次に，市町村の属性に関する説明変数は，「15 歳未満人口割合」「65 歳以上人口割合」「第 2 次産業就業者割合」「第 3 次産業就業者割合」である。「15 歳未満人口割合」と「65 歳以上人口割合」はそれぞれ 15 歳未満人口，65 歳以上人口の全人口に占める割合である。これらの変数は，市町村の中での 15 歳未満の年少者と同居するファミリー世帯や 65 歳以上の高齢者世帯が都市の郊外部に分散しているか，中心部に集中しているかによりコンパクト化に影響すると考えられるため，それをコントロールするために説明変数とした。「第 2 次産業就業者割合」と「第 3 次産業就業者割合」は，それぞれ第 2 次産業，第 3 次産業従事者の全体に占める割合である。これらの変数は，各市町村の産業構造や産業立地により，それぞれの産業従事者が通勤先との関係で都市の郊外に住むか，中心部に住むかの選択を行うと考えられることから，産業構造・産業立地が居住形態に与える影響をコントロールするために説明変数とした。

　最後に，コンパクト化に影響する政策に関する変数は，「合併特例債」「中心市街地（有無）」「中心市街地（期間）」「定住自立圏（中心・有無）」「定住自立圏（中心・期間）」「定住自立圏（周辺・有無）」「定住自立圏（周辺・期間）」である。このうち，「合併特例債」は合併特例債の発行額の基準財政需要額に対する割合である。合併特例債は，合併に伴う市町村の一体性の確保と行政サービスの平準化のために発行される地方債で，交付税措置が行われる。この財源措置によって公共施設の集約が促進され，その結果としてコンパクト化が進行する可能性がある。それをコントロールするために説明変数として採用した。

「中心市街地（有無）」は，中心市街地の活性化に関する法律に基づき策定される中心市街地活性化基本計画を策定した年度もしくはそれ以降で1となるダミー変数である。「中心市街地（期間）」は，同計画策定後の経過年数に1を加えた値の対数値である。ただし，策定までの年度は0とし，分析対象期間を通じて策定しなかった市町村ではすべて0とする。中心市街地活性化基本計画は，もともとは都市中心部の商業地活性化をめざした政策であったが，2005年の改正でコンパクトシティの形成のために必要な公共公益施設の集約や街なかへの居住促進も計画に盛り込まれることとなった。そのため，計画を策定した都市はコンパクト化が進行する可能性があり，コントロール変数として採用した。なお，この制度をさらに発展させ，都市計画の中で立地適正化計画を策定し，コンパクト化の進展を図る制度が2014年に創設されているが，実際に計画が策定されたのは16年以降と本分析の対象期間外であるため説明変数として採用しなかった。

　「定住自立圏（中心・有無）」は，定住自立圏構想に基づき定住自立圏の協定または定住自立圏形成方針を策定した圏域の中心市について，締結・策定年度もしくはそれ以降で1となるダミー変数である。「定住自立圏（中心・期間）」は，中心市の同協定締結または同方針策定後の経過年数[4]に1を加えた値の対数値である。ただし，締結または策定までの年度は0とし，分析対象期間を通じて締結または策定しなかった市町村や圏域の中心市ではない市町村ではすべて0とする。「定住自立圏（周辺・有無）」と「定住自立圏（周辺・期間）」は，各圏域の周辺市町村についての同様の変数である。定住自立圏構想は，人口減少や高齢化の下でも地方に自立した圏域を構成するため，複数の市町村が連携して公共施設を共有して利活用することや住民や事業者の交流連携を促すことをめざし，複数の市町村による圏域を政策対象とするもので，都市のコンパクト化を直接めざすものではない。しかし，圏域の形成や公共施設の再編を契機に圏域の中心市や周辺市町村の中心部に人口が集中し，コンパクト化が進むことも想定されるため，コントロール変数として採用した。

　なお，これらの政策は都市のコンパクト化の状況を踏まえて実施される可能性があり，被説明変数であるSDとの間に内生性の問題をもたらす可能性も否定できない。このため，「合併特例債」「中心市街地」「定住自立圏」に関する変数については，1期前の数値を説明変数として推定を行う。

ここからの後半では，市町村合併が人口の変化に与える影響を検証するために，以下の式 (6-3) を用いてパネルデータによる固定効果分析を行う。人口増減率を被説明変数として，合併による NSD の分母への効果を推定する。そして，その効果と分子である SD への効果をもとに，NSD への効果を計測することとする。

$$\Delta n_{it} = \alpha + \beta x_{it} + \Sigma_l \gamma_l A_{it}^l + \mu_i + \tau_t + \varepsilon_{it} \qquad (6\text{-}3)$$

　ここで，Δn_{it} は市町村 i の t 年度における人口増減率，x_{it} は合併に関する変数（「合併の有無」または「合併からの期間」），A_{it}^l は合併以外の人口増減に影響する市町村の属性に関する変数，都市のコンパクト化に影響する政策に関する変数，年次ダミー，「昼夜間人口比率」である。なお，人口増減率は，市町村合併が行われた市町村については，合併前は合併対象となる旧市町村の人口数の合計，合併後はその新しく合併した市町村の総人口をベースに，1 期前の人口からの増減率を計算する。たとえば，1 期前の A 市の人口が 5 万人，B 町の人口が 1 万人であり，現段階で A 市と B 町が合併して C 市になったとして，その人口が 6 万人であれば，人口増減率は 0％ であって，20％ ではない。

　人口の増減は，出生数から死亡数を除いた自然増減と各自治体への人口流入から自治体からの流出を除いた社会増減とから構成される。15 歳未満人口割合は，当該市町村の出生数の推移を反映することから自然増減に影響し，産業別就業者割合や昼夜間人口比率は，その市町村の経済活動の状況を反映することから，社会増減に影響すると考えられる。とくに，昼夜間人口比率は，市町村の住民と比較し，いかに多くの労働力を域外に求めているかという指標であり，人口流入の需要を示す指標として採用する。

5.1.3　推定モデル 2 （合併タイプ別・人口規模区分別分析）

　仮説 2 を検証するために，市町村合併時のタイプ別の分析を行う。合併後の市町村において市役所等の本庁舎が置かれる場所は，行政の意思決定が行われ，基幹的な行政サービスを提供する実質的な権限を有するため，その周辺に人口が集中することが予想される。その庁舎の場所は，人口が多く，財政力指数が相対的に高い市町村が，それらが相対的に小さい市町村を合併する「較差型」合併と，人口や財政力があまり変わらない「同等型」合併との違いにより決まる可能性が大きい。「較差型」合併の場合，人口や財政力の大きな旧市町村に

本庁舎が置かれ，基幹的な意思決定や行政サービスの提供が行われ，それが住民の居住場所，コンパクト化に影響することが予想される。この点について，合併市町村に市役所の部局が1つの「本庁舎」のみに置かれるのか，各部局が複数の「分庁舎」に分散するのか，本庁舎とは別に各地域の事務を行う「総合支所」が置かれるのかによる類型化も考えられる[5]。しかし，「分庁舎」や「総合支所」にどの程度の権限が与えられるかは，合併市町村ごとの取り扱いによって異なる上に，合併から数年後に閉鎖される「分庁舎」等の例もあり，この類型化を通じて権限の配分を把握できるかは疑問である。美谷（2007）は，事例やアンケートをもとに庁舎の位置が旧市町村の人口や財政的側面などに影響されることを指摘している。

そこで，本分析では旧市町村の人口や財政力の較差をもとに「較差型」と「同等型」に分類し，これらの類型による合併に関する変数を説明変数とすることにより，「較差型」「同等型」のタイプ別の市町村合併に関する変数のSDへの影響を分析する。なお，「本庁舎」「分庁舎」「総合支所」のタイプ別の分析は，本章末の補論で行っている。

「較差型」と「同等型」の分類に関して，前掲の畠山（2013）は合併市町村のうち人口が1番多い市町村と2番目の市町村の人口が2倍以上であるかどうかで分類しており，本章も人口についてはこの基準によることとする。この人口の較差が2倍以上となる市町村は合併市町村全体の75.5%を占めている。財政力の較差については，人口の基準と同程度の分布で較差の存否を決めた方が人口と財政力を同等に評価することになり，基準として適切である。合併の段階で財政力指数が1番目と2番目との較差が1.25倍以上の市町村は，合併全体の71.2%を占め，人口の基準とほぼ同様である。そこで，財政力については1.25倍を基準とする。

以上から，人口数が1番目の市町村と2番目の市町村との差が2倍以上で，財政力指数が1番目の市町村と2番目の市町村との差が1.25倍以上である合併を「較差型」合併，それ以外の合併を「同等型」合併と定義する。この分類をもとに，式(6-2)の合併に関する変数それぞれに関して，以下の式（6-4）を用いて固定効果分析を行う。

$$\ln SD_{it} = \alpha + \beta_1 x_{it}^1 + \beta_2 x_{it}^2 + \Sigma_l \gamma_l A_{it}^l + \mu_i + \tau_t + \varepsilon_{it} \quad (6\text{-}4)$$

ここで，x_{it}^1 と x_{it}^2 は式（6-2）の x_{it} と同様に，それぞれ「較差型」「同等型」の

合併に関する変数であり,「合併の有無」についてはダミー変数,「合併からの期間」については合併後の経過年数に1を加えた数値の対数値である。

これに加えて,合併後の人口規模区分ごとの市町村合併の影響を,上記と同様に検証する。つまり,分析対象期間の最終年度である2015年度での合併後の人口について人口規模区分別にSDへの影響を分析する。以下の式 (6-5) を用いて固定効果分析を行う。

$$\ln SD_{it} = \Sigma_j \beta_j W_{it}^j + \Sigma_l \gamma_l A_{it}^l + \mu_i + \tau_t + \varepsilon_{it} \tag{6-5}$$

ここで,W_{it}^j は,市町村 i が t 年度の10月以前に合併し,かつ,合併後の人口が2015年度の段階で人口規模区分 j (「3万〜5万人」「5万〜10万人」「10万〜20万人」「20万〜50万人」「50万人〜」) に属する市町村に該当すれば1,該当しなければ0となるダミー変数である。なお,この分析の対象は人口3万人以上の市町村であることから,すべての市町村がいずれかの人口規模区分に属することになる。

さらに,合併タイプ別の影響についても合併後の人口規模区分別に分析を行う。よって,以下の式 (6-6) を用いて固定効果分析を行う。

$$\ln SD_{it} = \Sigma_j \beta_{j_1} W_{it}^{(1)j} + \Sigma_j \beta_{j_2} W_{it}^{(2)j} + \Sigma_l \gamma_l A_{it}^l + \mu_i + \tau_t + \varepsilon_{it} \tag{6-6}$$

ここで,$W_{it}^{(1)j}$ と $W_{it}^{(2)j}$ は,市町村 i が t 年度の10月以前にそれぞれ「較差型」「同等型」の合併を行い,かつ合併後の人口が2015年度の段階で人口規模区分 j に属する市町村に該当すれば1,該当しなければ0となるダミー変数である。

上記の3つの市町村合併がSDに与える影響の分析に加えて,合併タイプ別(「較差型」「同等型」)の人口増減率,人口規模区分別の人口増減率,合併タイプ別・人口規模区分別の人口増減率に与える影響も,下記の式 (6-7) から式 (6-9) により分析し,両者の結果を踏まえて,都市のコンパクト度を示すNSDへの影響を検証する。

$$\Delta n_{it} = \alpha + \beta_1 x_{it}^1 + \beta_2 x_{it}^2 + \Sigma_l \gamma_l A_{it}^l + \mu_i + \tau_t + \varepsilon_{it} \tag{6-7}$$

$$\Delta n_{it} = \Sigma_j \beta_j W_{it}^j + \Sigma_l \gamma_l A_{it}^l + \mu_i + \tau_t + \varepsilon_{it} \tag{6-8}$$

$$\Delta n_{it} = \Sigma_j \beta_{j_1} W_{it}^{(1)j} + \Sigma_j \beta_{j_2} W_{it}^{(2)j} + \Sigma_l \gamma_l A_{it}^l + \mu_i + \tau_t + \varepsilon_{it} \tag{6-9}$$

5.1.4 推定モデル3(合併前後の年数経過別分析)

仮説3を検証するために,合併からの経過年数による影響の変化を分析する。具体的には,分析対象年度 t が合併10年前から8年前の期間に該当していれ

ば1となるダミー変数を作成する。これを1番目の期間区分のダミー（$k=1$）とし，以下同様にして，合併8年前から6年前（$k=2$）というように2年ごとの期間に関する11個のダミー変数および合併後12年後以降の期間に関するダミー変数を作成する。たとえばtが2000年で，市町村iが2003年に合併した場合には，合併4年前から2年前の期間のダミー変数（$k=4$）のみ1になり，それ以外の期間のダミー変数が0になる。ここで合併前あるいは合併後の年数の算定方法は「合併からの期間」における年数の算定方法と同じである。たとえば「合併4年前から2年前」は，t年10月から合併年月までが2年0カ月以上から4年0カ月未満までであれば1，それ以外は0となるダミー変数となる。

　これらダミー変数の係数を分析することで，経過年数の推移に対応して合併がSDにどのような影響を与えるかを明らかにする[6]。よって，以下の式（6-10）を用いて固定効果分析を行う。

$$\ln SD_{it} = \Sigma_k \beta_k Z_{it}^k + \Sigma_l \gamma_l A_{it}^l + \mu_i + \tau_t + \varepsilon_{it} \quad (6\text{-}10)$$

ここで，Z_{it}^kはi市町村のt年度において，合併からの経過年数の区分k番目に該当していれば1，該当しなければ0となるダミー変数である。さらに，この分析に関しても，合併タイプ別（「較差型」「同等型」）の影響を検証する。よって，以下の式（6-11）を用いて固定効果分析を行う。

$$\ln SD_{it} = \Sigma_k \beta_{k1} Z_{it}^{(1)k} + \Sigma_k \beta_{k2} Z_{it}^{(2)k} + \Sigma_l \gamma_l A_{it}^l + \mu_i + \tau_t + \varepsilon_{it} \quad (6\text{-}11)$$

ここで，$Z_{it}^{(1)k}$と$Z_{it}^{(2)k}$は，市町村iがt年度において，それぞれ「較差型」「同等型」の合併からの経過年数の区分k番目に該当していれば1，該当しなければ0となるダミー変数である。なお，2年ごとの期間による分析に加えて，5年ごとの期間でダミー変数を作成した分析も行う。

　このようにダミー変数を使用したのは，単に経過年数とSDとの関係を見るだけでなく，経過年次の各時点での影響を精密に分析するためである。ただし，期間を2年と5年とした理由としては，2003年，2004年のように集中的に合併が進んだ時期がある一方で，特定の時期の市町村合併の件数は極端に少ないことがある。そして，分析対象年度のtは5年ごとで，ダミー変数のZ_{it}^kも5年ごとのパネルデータとなっている。この結果，あまりダミー変数の期間を短く刻むと，たまたま各t年度までの経過年数が合併の少ない時期からのものばかりとなってしまったダミー変数では，値が1となるサンプル数が極端に少な

第6章　市町村合併の影響　117

くなり[7]，その中の特定のサンプルの結果で推定の結果が左右され，推定のぶれが大きくなるおそれがある。一方で，期間が長いほど経過年数の大きく違う年次を含んでしまい，推定の精度が損なわれるおそれがある。そこで，2年と5年の期間幅で分析を行う。

上記の2つのSDに与える影響の分析に加えて，合併からの経過年数の人口増減率，合併タイプ別の合併からの経過年数ごとの人口増減率に与える影響も下記の式（6-12）と式（6-13）により分析し，両者の結果を踏まえて，都市のコンパクト度を示すNSDへの影響を検証する。この人口増減率への影響の分析でも，SDと同様に，2年ごとの経過年数の分析と5年ごとの経過年数の分析を行う。

$$\Delta n_{it} = \Sigma_k \beta_k Z_{it}^k + \Sigma_l \gamma_l A_{it}^l + \mu_i + \tau_t + \varepsilon_{it} \qquad (6\text{-}12)$$

$$\Delta n_{it} = \Sigma_k \beta_{k_1} Z_{it}^{(1)k} + \Sigma_k \beta_{k_2} Z_{it}^{(2)k} + \Sigma_l \gamma_l A_{it}^l + \mu_i + \tau_t + \varepsilon_{it} \qquad (6\text{-}13)$$

5.2 データ

NSD，SD，人口増減率や市町村の合併および対象となる市町村に関する年齢別・産業別就業者割合，コンパクト化に影響する変数等の基本統計量は表6-1のとおりである[8]。SDは一貫して減少傾向にあり，多くの市町村では，市街地が都市の中心地に近接化してきている傾向を示している。また，人口増減率は，当初は正の数値を示しているが，その後減少を続け，負の数値が大きくなっている。NSDは当初減少傾向であったものの，2015年に平均値が上昇している。

市町村の合併に関しては，総務省がそのホームページの中で年度ごとに合併の年月，対象となった市町村をまとめている。このデータをもとに，分析対象年度における，「合併の有無」「合併からの期間」のデータを作成した。合併の直近の旧市町村の人口と財政力は，総務省「国勢調査」[9]「市町村別決算状況調」[10]のデータをもとにして，合併タイプの「較差型」「同等型」の区分を行った。なお，合併前後のコンパクト化等の状況を比較できるように，合併前の市町村の人口や人口増減率などのデータは，分析最終年の2015年の直近で合併した市町村の単位で合算して算出している。複数回合併した市町村については，最初の合併を基準に「合併の有無」「合併からの期間」の変数を算出している。ただし，2回目以降の合併で1回目の合併と異なるタイプの合併を行った場合

表6-1 基本統計量

	標本数	平均	標準偏差	最小値	最大値
NSD（基準化された標準距離）	3,820	1.559	1.035	0.341	10.964
NSD（1995年）	764	1.579	1.014	0.353	9.563
NSD（2000年）	764	1.560	1.015	0.349	9.757
NSD（2005年）	764	1.552	1.029	0.346	10.096
NSD（2010年）	764	1.550	1.044	0.347	9.926
NSD（2015年）	764	1.552	1.072	0.341	10.964
SD（標準距離）	3,820	4.398	2.429	0.961	19.949
SD（1995年）	764	4.499	2.523	0.964	19.949
SD（2000年）	764	4.453	2.477	0.961	19.812
SD（2005年）	764	4.406	2.434	0.969	19.805
SD（2010年）	764	4.350	2.377	0.974	19.652
SD（2015年）	764	4.281	2.328	0.967	19.446
人口増減率　　　　　　（単位：%）	3,820	0.401	4.730	−18.455	54.004
人口増減率（1995年）（単位：%）	764	3.111	6.077	−14.273	54.004
人口増減率（2000年）（単位：%）	764	1.327	4.163	−6.758	19.449
人口増減率（2005年）（単位：%）	764	0.151	3.808	−7.836	29.893
人口増減率（2010年）（単位：%）	764	−0.724	3.883	−10.587	16.354
人口増減率（2015年）（単位：%）	764	−1.859	3.668	−18.455	22.955
合併の有無ダミー	3,820	0.270	0.444	0	1
合併からの期間　　　（単位：年数）	3,820	1.779	3.658	0	24.750
15歳未満人口割合	3,820	0.146	0.021	0.071	0.249
65歳以上人口割合	3,820	0.213	0.065	0.057	0.447
第2次産業就業者割合	3,820	0.302	0.080	0.109	0.635
第3次産業就業者割合	3,820	0.632	0.098	0.337	0.884
合併特例債　　　　　（単位：年数）	3,820	0.013	0.040	0	0.422
中心市街地（有無）ダミー	3,820	0.057	0.231	0	1
中心市街地（期間）　（単位：年数）	3,820	0.249	1.191	0	8.750
定住自立圏（中心・有無）ダミー	3,820	0.037	0.189	0	1
定住自立圏（中心・期間）（単位：年数）	3,820	0.114	0.731	0	7.833
定住自立圏（周辺・有無）ダミー	3,820	0.015	0.122	0	1
定住自立圏（周辺・期間）（単位：年数）	3,820	0.055	0.514	0	7.833

出所：総務省「国勢調査」「地域メッシュ統計」「市町村合併資料集」「地方財政状況調査」，総務省ホームページ「定住自立圏構想」https://www.soumu.go.jp/main-sosiki/kenkyu/teizyu/index.html，内閣府ホームページ「中心市街地活性化」https://www.chisou.go.jp/tiiki/chukatu/index.htmlをもとに筆者作成．

(たとえば1回目に較差型，2回目に同等型）にはその時点からそのタイプの合併を行ったものとする。

6. 推定結果

6.1　合併に関する推定結果1（ベースモデル）

　SDに与える影響の推定結果は，表6-2に示されている。「合併の有無」あるいは「合併からの期間」の係数は負で有意となった。これは，コンパクト化を示唆しており，合併により市町村の中での人口の配置が中心部に集中していく状況を示している。

　コンパクト化に影響する政策の変数に関しては，合併特例債，中心市街地活性化基本計画の有無，中心市にかかる定住自立圏基本方針等の有無は，負で有意な結果となり，コンパクト化に寄与していることが示された。反面，周辺市にかかる定住自立圏基本方針等は有無，期間ともに有意な結果とならなかった。これらの要因をコントロールした上でも，合併がSDを小さくしていることが明らかとなった。

　また，人口増減率への影響については，「合併の有無」または「合併からの期間」やその他の市町村の属性を示す変数を説明変数として分析を行った。推定結果は表6-3に示されている。「合併の有無」，「合併からの期間」は，ともに係数が正で有意となった[11]。市町村合併がSDに与える負の影響と人口増減率に与える正の影響を踏まえれば，NSDには負の影響を与えていることになる。したがって，仮説1が支持されたことになる。

6.2　合併に関する推定結果2（合併タイプ別・人口規模区分別分析）

　合併した市町村間の人口や財政力の較差の大きさを示す「較差型」と「同等型」のタイプごとに，「合併の有無」や「合併からの期間」がSDに与える影響は，図6-1に示されている[12]。なお，図6-1には前項の市町村全体の推定結果もあわせて記載した（「全体」と表記）。

　まず，「較差型」合併がSDに与える負の効果は，「合併の有無」「合併からの期間」ともに，「全体」より顕著に現れている。これに対して「同等型」合併は，両方とも負の係数を示したものの有意ではなく，コンパクト化への影響

表6-2 合併の有無，合併からの期間のSD（標準距離）への影響

	合併の有無	合併からの期間
合併の有無	−0.008*** (0.001)	
合併からの期間		−0.005*** (0.001)
15歳未満人口割合	0.149* (0.076)	0.144* (0.076)
65歳以上人口割合	0.171*** (0.043)	0.165*** (0.043)
第2次産業人口割合	−0.455*** (0.070)	−0.431*** (0.071)
第3次産業人口割合	−0.395*** (0.063)	−0.366*** (0.064)
合併特例債	−0.027** (0.011)	−0.003 (0.011)
中心市街地（有無）	−0.005* (0.003)	
中心市街地（期間）		−0.002 (0.001)
定住自立圏（中心・有無）	−0.019*** (0.006)	
定住自立圏（周辺・有無）	−0.007 (0.006)	
定住自立圏（中心・期間）		−0.010*** (0.003)
定住自立圏（周辺・期間）		−0.004 (0.003)
10年ダミー	0.013*** (0.002)	0.012*** (0.002)
05年ダミー	0.019*** (0.006)	0.018*** (0.004)
00年ダミー	0.030*** (0.005)	0.029*** (0.005)
95年ダミー	0.036*** (0.006)	0.035*** (0.006)
定　数	1.904*** (0.065)	1.882*** (0.066)
標本数	3,820	3,820
グループ数	764	764
R^2(overall)	0.2325	0.2201
F検定	509.28 $P=0.0000$	508.67 $P=0.0000$
Breusch and Pagan検定	5625.01 $P=0.0000$	5982.04 $P=0.0000$
Hausman検定	43.09 $P=0.0000$	71.81 $P=0.0000$

注：***は1%有意，**は5%有意，*は10%有意，括弧内は頑健な標準誤差。
出所：筆者作成。

表 6-3 合併の有無, 合併からの期間が人口増減率に与える影響

	合併の有無	合併からの期間
合併の有無	0.006*** (0.002)	
合併からの期間		0.004*** (0.001)
15歳未満人口割合	1.472*** (0.140)	1.469*** (0.138)
昼夜間人口比率	0.064* (0.036)	0.063*** (0.036)
第2次産業人口割合	0.054 (0.070)	0.044 (0.072)
第3次産業人口割合	0.037 (0.065)	0.025 (0.067)
合併特例債	−0.001 (0.004)	−0.014 (0.010)
中心市街地（有無）	0.008*** (0.002)	
中心市街地（期間）		0.004*** (0.001)
定住自立圏（中心・有無）	0.005 (0.002)	
定住自立圏（周辺・有無）	−0.0004 (0.005)	
定住自立圏（中心・期間）		0.002 (0.001)
定住自立圏（周辺・期間）		−0.0004 (0.003)
10年ダミー	0.002 (0.001)	0.003** (0.001)
05年ダミー	0.002 (0.002)	0.004 (0.002)
00年ダミー	0.001 (0.004)	0.001 (0.004)
95年ダミー	−0.004 (0.006)	−0.004 (0.006)
定　　数	−0.320*** (0.073)	−0.308*** (0.075)
標 本 数	3,820	3,820
グループ数	764	764
R^2(overall)	0.4778	0.4688
F 検定	1.223 $P=0.0027$	1.225 $P=0.0025$
Breusch and Pagan 検定	1365.45 $P=0.0000$	1374.62 $P=0.0000$
Hausman 検定	59.24 $P=0.0000$	41.35 $P=0.0001$

注：***は1%有意，**は5%有意，*は10%有意，括弧内は頑健な標準誤差。
出所：筆者作成。

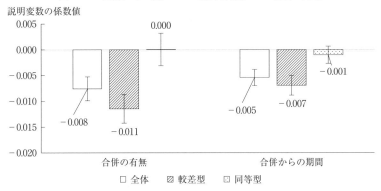

図6-1 合併タイプ別のSD（標準距離）への影響の比較

注：棒グラフの長さは係数推定値を示し，その値を中心にした上下の線は95%の信頼区間を表す。
出所：筆者作成。

があるとはいえない。この理由として，「較差型」は合併後の人口や財政力が大きな旧市町村の領域に実質的な権限を有する部局が入居した市役所等の庁舎が置かれ，その結果として，その庁舎の周辺に人口が集約してコンパクト化が進むためと考えられる。それに対して，「同等型」では庁舎の実質的機能が分散したままとなっており，その影響から人口の集約も進まないと考えられる。

次に，人口規模区分別（「全体」と表記）および「較差型」と「同等型」のタイプ別・人口規模区分別の影響を比較したものが，図6-2である[13]。合併の形態によらない「全体」に関しては人口5万人から50万人の区分で合併したことを表すダミー変数の係数が負で有意となっており，その範囲では市町村合併がコンパクト化の方向に作用することがわかる。人口5万人未満の区分では「同等型」の割合が多いこと，人口50万以上の区分では合併のサンプルが少ないことなどから有意な結果とはなっていない[14]。「較差型」については，すべての人口区分において負で有意となり，「全体」より大きい係数が見られた。「較差型」の場合，人口や財政力の点で優位に立つ旧市町村に実質的権限のある庁舎が置かれ，その周辺に人口が集中する傾向が，人口規模の区分に関わりなく生じていることが推測される。これに対して「同等型」は，すべての区分において有意な結果とはなっていない。

また，合併タイプ別，人口規模区分別，合併タイプ別・人口規模区分別ごと

第6章 市町村合併の影響　123

図 6-2　人口規模区分別と合併タイプ別・人口規模区分別の SD への影響の比較

注：棒グラフの長さは係数推定値を示し，その値を中心にした上下の線は 95% の信頼区間を表す。
出所：筆者作成。

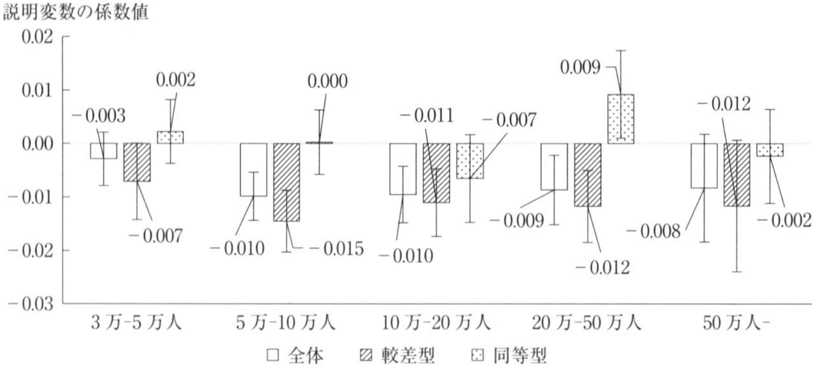

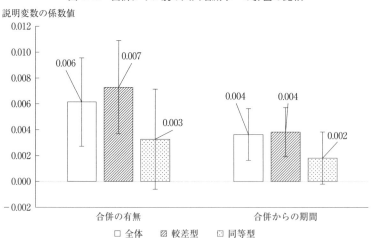

図 6-3　合併タイプ別の人口増減率への影響の比較

注：棒グラフの長さは係数推定値を示し，その値を中心にした上下の線は 95% の信頼区間を表す。
出所：筆者作成。

図 6-4 人口規模区分別と合併タイプ別・人口規模区分別の人口増減率への影響の比較

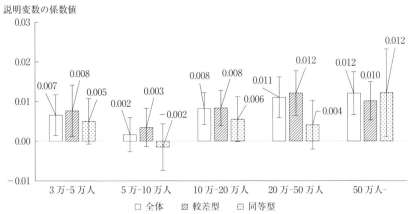

注：棒グラフの長さは係数推定値を示し，その値を中心にした上下の線は 95% の信頼区間を表す。
出所：筆者作成。

に，人口増減率への影響について分析を行った。推定結果は，合併タイプ別は図 6-3，人口規模別（「全体」と表記）と合併タイプ別・人口規模区分別は図 6-4 に示されている。「合併の有無」「合併からの期間」は，ともに「較差型」については係数が正で有意となったが，「同等型」は有意とならなかった[15,16]。「較差型」合併が SD に与える負の影響と人口増減率に対する正の影響を踏まえれば，NSD には負の影響を与えていることになる。

したがって，仮説 2 は，支持された。市町村の人口規模区分別で行った分析でも，一部の区分を除き，仮説 2 は支持された。

6.3　合併に関する推定結果 3（合併前後の年数経過別分析）

合併からの経過年数を 2 年ごと，5 年ごとのダミー変数で捉え，合併しなかった市町村と比較して合併が SD に与えた効果を経過年数ごとにまとめたものが図 6-5 である[17]。

市町村合併の前後で見てみると，「全体」および「較差型」合併においては，合併直前を除く合併前の段階では係数は有意ではない。一方で，合併後は期間ごとの係数は負で有意となり，年次を重ねるにつれて，その値は大きくなる傾向にあることがわかる。これは，合併を契機にコンパクト化が進行する傾向が

第 6 章　市町村合併の影響　125

図6-5 合併からの年数ごとのSD（標準距離）に与える影響

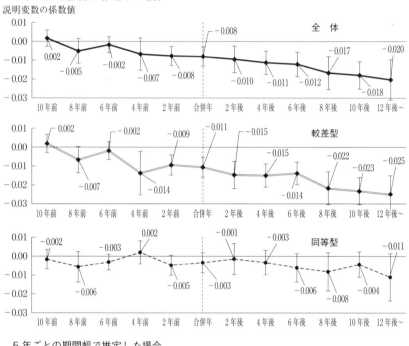

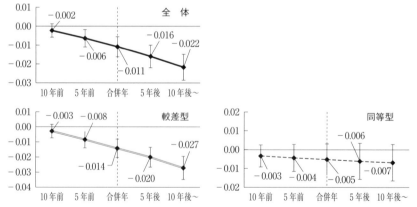

注：折れ線グラフは係数推定値を示し，その値を中心にした上下の線は95％の信頼区間を表す。
出所：筆者作成。

図6-6 合併からの年数ごとの人口増減率に与える影響

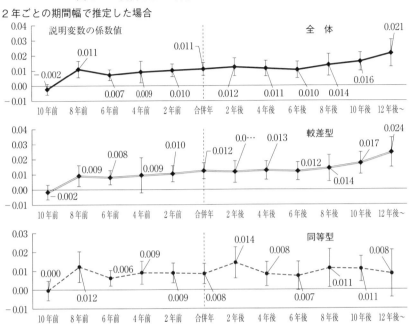

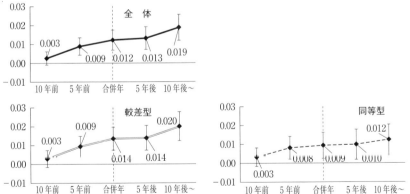

注：折れ線グラフは係数推定値を示し，その値を中心にした上下の線は95％の信頼区間を表す。
出所：筆者作成。

第6章 市町村合併の影響

見られ，合併後の年数が経過するにつれてその傾向が強まっていることを示している。この傾向は，「較差型」合併においても，全体と同様である。これに対して，「同等型」合併に関しては，係数が負となるものもあるが，有意な結果は得られていない。人口等の面で同等な合併の下では合併後の年数が経過してもコンパクト化は必ずしも進行していない状況を示している。

また，全体および合併タイプ別に，合併からの経過年数ごとの人口増減率への影響について分析を行った。推定結果は，図6-6に示されている。全体および合併タイプ別はともに合併の前後で有意な変化は見られなかった[18]。市町村の合併からの経過年数がSDに負の影響を与えている一方，人口増減率には影響を与えなかったことを踏まえれば，NSDには負の影響を与えていることになる。したがって，仮説3が支持された。

7. インプリケーション
―― コンパクト化の視点から見た市町村合併の評価

本章では，都市のコンパクト度を示す指標を用いて市町村合併がコンパクト化にもたらす効果を検証した。その結果，合併は「都市のコンパクト化」を促進する可能性が高いことが明らかとなった。

そして，合併のタイプで見ると，合併前の旧市町村間で人口や財政力の較差が大きい「較差型」合併において，その効果がとくに大きいことがわかった。このことは，人口や財政力が大きい旧市町村が含まれる場合には，合併時に市役所等の実質的な権限を有する役所が置かれる地域への人口集約を通じて都市のコンパクト化が実現することを示唆している。また，合併後の市町村の人口規模の大小に関わりなく，「較差型」合併は，コンパクト化を促進する効果を有することも明らかとなった。

さらに，合併後の年数が経過するごとにコンパクト化への影響が大きくなり，図6-5で示した推定結果をNSDの式に当てはめれば，市町村合併により，合併後10年後にはこのNSDを2.1%低下させる効果が生ずることになる[19]。これは，NSDが1人当たり歳出額に与える影響の回帰分析の係数（第1章表1-2のモデル2）をあてはめた場合に，人口3万人以上の市町村の歳出総額を約2277億円削減すると推測される効果である[20]。この効果は，削減が毎年見込ま

れる数値であること，推定対象となるすべての地方自治体の歳出総額の0.50%に相当すること，さらに，過去10年間の市町村の歳出額が年間2.48%程度増加[21]している中で，その増加分の2割程度を占めることは，人口減少や少子高齢化の中で財政の持続可能な運営を進めていく観点からは小さくない効果であるといえる。

　市町村合併は，多くの場合，人口規模を確保し，財政の健全化や公共サービスの確保を志向するために行われることが多い。これは，歳出について規模の経済が働くことが多くの実証研究により示されているためである。ただし，市町村合併が進んでも合併前と同様に人口が分散したままでは，同じ人口規模で中心部に人口が集中している市町村と比べ，行政サービスに要するコストは大きくならざるをえない。これに対して，本章の結果は，「市町村合併を契機に新しい行政単位の中での都市の中心部への人口集中が進み，コンパクト化が実現でき，それによって財政支出の抑制も可能となる」ということを示唆するものである[22]。

　今後は，限られた財源を有効に使い公共サービスを確保するためにも，市町村合併がコンパクト化を生み出す効果を踏まえ，人口減少時代においても財政コストの悪化を防ぐまちづくり戦略・都市戦略の推進が期待される。

補論 「本庁舎」「分庁舎」「総合支所」方式ごとの「都市のコンパクト化」への影響

　市町村合併の際の市役所等の庁舎の形態は,「本庁舎」「分庁舎」「総合支所」の方式の違いがあり, そのタイプ別にコンパクト化にどのような影響を与えているかについて, 5.1.3項の分析と同様の方法で分析を行った。その推定結果は, 図6-7と, 図6-8に示されている。市町村合併がSDに与える影響に関して, 庁舎の形態別に見ると,「合併の有無」に関しては「本庁舎」と「総合支所」の方式は負で有意であるのに対して,「分庁舎」方式は有意な結果とならず,「合併からの期間」についてはいずれも有意な結果とならなかった。また, 人口の増減率に与える影響について見ると,「合併の有無」と「合併からの期間」のいずれについても,「本庁舎」と「総合支所」の方式は正で有意であるのに対して,「分庁舎」方式は有意な結果とならなかった。

　この結果からNSDで示されるコンパクト化に与える影響を考察すると, 行政に関する意思決定や実質的権限をもとに基幹的な行政サービスが行われる庁舎が一本化される「本庁舎」と「総合支所」の方式によりコンパクト化を進める傾向が認められる。

　ただし,「本庁舎」「総合支所」や「分庁舎」といっても, どの程度の権限が与えられ, 人員が配置されるかは合併時点での旧市町村の人口, 財政力の較差をもとに, 旧市町村間の協議, 調整を通じて定まるものであり, それにより, 権限や人員配置がどの程度集約されるかは大きく異なる。また, 総務省の「合併デジタルアーカイブ」[23]で整理された庁舎の分類では,「本庁舎」「分庁舎」「総合支所」方式のいずれにも分類されなかったサンプルが存在し, 3つの方式を併用したか, どの方式にするかを明らかにしなかったと考えられる。当初,「分庁舎」や「総合支所」を置いても, 数年後には「本庁舎」方式に移行する都市も見られる。

　このように庁舎の形式的分類とは別に存在する実質的な行政サービスの権限配分の存在が,「較差型」「同等型」の分類による分析ほどには, 明確に有意な結果が認められなかった要因と考えられる。

　人口規模区分別の推定では, 市町村合併がSDに与える影響に関して,「本

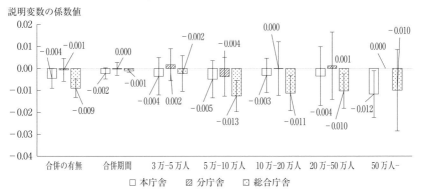

図6-7　合併後の庁舎別のSD（標準距離）への影響

注：棒グラフの長さは係数推定値を示し，その値を中心にした上下の線は95％の信頼区間を表す。
出所：筆者作成。

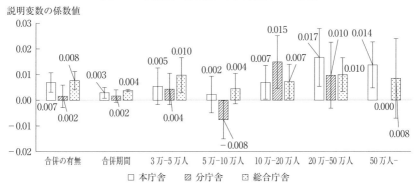

図6-8　合併後の庁舎別の人口増減率への影響

注：棒グラフの長さは係数推定値を示し，その値を中心にした上下の線は95％の信頼区間を表す。
出所：筆者作成。

庁舎」では50万人以上の範囲，「総合支所」では5万人から50万人までの範囲で有意に負の係数を示した。また，人口増減率に与える影響について見ると，「本庁舎」では10万人以上の範囲，「総合支所」では3万人から5万人まで，10万人から50万人までの範囲で有意に正の係数を示した。このことから，「本庁舎」では，50万人以上の範囲で，「総合庁舎」でも少なくとも10万人から

第6章　市町村合併の影響　131

50万人までの範囲でNSDにより示されるコンパクト化に一定の効果があることがわかった。

「総合支所」方式の場合には，総合支所とは別に，主として人口や財政力が大きい旧市町村に基幹的な意思決定を行う市庁舎が置かれることが多いことから，10万人から50万人までの範囲でコンパクト化を促進する傾向が有意に認められたと考えられる。逆に，そうした傾向が認められないのは合併後の人口が3万人から10万人で相対的に旧市町村間の人口や財政力の較差が小さい場合や，合併後の人口が50万人以上で人口の較差が小さい場合である。

これに対して，「本庁舎」方式の場合は，そのサンプル数が「総合支所」の方式よりも少ない上に，「本庁舎」への一本化に猶予期間が設けられているものや，「分庁舎」や「総合支所」とまではいえないものの，出先機関が設置されているものなどがあり，人口規模区分別の多くの場合で有意な結果が認められず，相対的に人口が大きい市が小さい市町村を合併する事例が多い人口50万人以上の区分のみ有意な結果となったと考えられる。

* 本章は，沓澤ほか（2020）をベースに，大幅に加筆・修正したものである。

注
1 合併後も，基礎的なサービス（住民票発行など）は集約されずに継続してサービスが行われることも考えられるが，サービスに関わる実質的権限は集約される。
2 この対象年度は，国勢調査の制約によって選別されている。
3 1995年度についての「合併の有無」は1990年11月から95年10月までに合併があったかどうかで判断し，「合併の期間」は1990年11月以降の合併年月から95年10月までの総月数の年数換算で計算する。
4 「中心市街地（期間）」「定住自立圏（中心・期間）」「定住自立圏（周辺・期間）」の経過年数の算定方法は「合併からの期間」における年数の算定方法と同じである。
5 総務省「合併デジタルアーカイブ」によれば，「本庁舎」方式は182件，「分庁舎」方式は132件，「総合支所」方式は290件存在する。
6 分析の最終年度である2015年度において，合併から8年以上10年未満経過したサンプルが97件，10年以上12年未満のサンプルが245件，12年以上経過したサンプルが30件あり，この期間までの分析は，合理性があると考えられる。
7 期間幅を1年ごとにすると，たとえば合併から8年以上9年未満の期間幅でダミー変数が1となるサンプル数はすべての分析対象年度を通じて10件となる。
8 市街地が全域に拡がる東京都特別区は除外し，2015年現在で人口3万人以上の764市町村を対象としている。
9 総務省HP，https://www.stat.go.jp/data/kokusei/2015/index.html

10 総務省 HP, http://www.soumu.go.jp/iken/kessan_jokyo_2.html
11 人口増減率が小さい（人口減少が大きい）自治体において合併が進む，という逆因果効果が考えられる．このとき合併の効果は負となり，推定した係数値が過小となっている可能性がある．しかし，過大推定ではないため，それは合併が人口増減率に対して正の影響を持つことを否定することにはならない．
12 表6-2と同様に，F検定，Breusch and Pagan検定，Hausman検定の結果は，付表1のとおりである．
13 表6-2と同様に，F検定，Breusch and Pagan検定，Hausman検定の結果は，付表1のとおりである．
14 合併市町村全体に占める「較差型」の割合は65%であるが，人口5万人未満の範囲では53%である．また，合併後の人口が50万人以上の合併市町村数は15（合併市町村全体の3.8%）である．
15 表6-3と同様に，F検定，Breusch and Pagan検定，Hausman検定の結果は，付表2のとおりである．
16 人口増減率が小さい（人口減少が大きい）自治体において合併が進む，という逆因果効果が考えられるが，注11と同様に，それは合併が人口増減率に対して正の影響を持つことを否定することにはならない．
17 表6-2と同様に，F検定，Breusch and Pagan検定，Hausman検定の結果は，付表1のとおりである．
18 合併自治体が正で有意な効果を持つことが示されたが，合併前から効果が表れており，合併による効果とはいえない．
19 NSDへの効果は，合併10年後の係数が-0.018，合併後の年数（10年）の対数が人口増減率に与える影響を示す係数が0.003であることから，以下の数値となる．
$$1-\exp(-0.018)/\sqrt{\exp(0.003\times\ln(10+1))} \fallingdotseq 0.021$$
20 1人当たり歳出額の削減については，第1章で推定された係数をあてはめた結果，NSDが2.1%減少すると仮定すれば，下式により，0.50%の歳出削減が可能となる．
$$\exp\{0.1265\times\ln(1.559)+0.1332\times(\ln(1.559))^2\}/\exp\{0.1265\times\ln(1.559/1.021)+0.1332\times(\ln(1.559/1.021))^2\}-1\fallingdotseq 0.0050$$
本分析の対象となる自治体の歳出総額が45兆1461億円なので，歳出削減額は451,461×0.005043$\fallingdotseq$2,277（億円）となる．
21 総務省「市町村別決算状況調」によれば，市町村の歳出額（純計額）は2011年度の52兆8900億円から21年度には67兆5794億円に増加している．
22 なお，合併により人口が集約される場合，人口が減少する旧市町村地区との間で政治的課題が生じる可能性がある．本章での結果は，財政の歳出面から，行政の多面的な運営に貢献する1つのファクトを提供するものである．
23 総務省「合併デジタルアーカイブ」（章末，参考資料）．

参考資料

総務省（2010）「『平成の合併』についての公表」
　https://www.gappei-archive.soumu.go.jp/heseigappei.pdf
総務省「合併デジタルアーカイブ」
　https://gappei-archive.soume.go.jp/

付表1 市町村合併がSDに与える影響分析におけるF検定，Breusch and Pagan検定，Hausman検定の結果

	合併タイプ別・合併有無	合併タイプ別・合併期間	人口規模区分別	合併タイプ別・人口規模区分別
標本数	3,820	3,820	3,820	3,820
グループ数	764	764	764	764
R^2(overall)	0.2325	0.2261	0.2333	0.2330
F検定	507.00; $P<0.001$	523.38; $P<0.001$	473.95; $P<0.001$	489.87; $P<0.001$
Breusch and Pagan検定	5893.47; $P<0.001$	6081.30; $P<0.001$	5548.63; $P<0.001$	5621.44; $P<0.001$
Hausman検定	51.97; $P<0.001$	61.45; $P<0.001$	57.55; $P<0.001$	54.35; $P=0.0001$

	全体・2年	合併タイプ別・2年
標本数	3,820	3,820
グループ数	764	764
R^2(overall)	0.2614	0.1958
F検定	460.03; $P<0.001$	449.74; $P<0.001$
Breusch and Pagan検定	6015.17; $P<0.001$	6663.02; $P<0.001$
Hausman検定	105.50; $P<0.001$	83.50; $P=0.0001$

	全体・5年	合併タイプ別・5年
標本数	3,820	3,820
グループ数	764	764
R^2(overall)	0.2610	0.1711
F検定	470.40; $P<0.001$	448.86; $P<0.001$
Breusch and Pagan検定	5716.45; $P<0001$	6722.25; $P<0.001$
Hausman検定	52.49; $P<0.001$	96.83; $P<0.001$

出所：筆者作成。

付表2 市町村合併が人口増減率に与える影響分析におけるF検定, Breusch and Pagan検定, Hausman検定の結果

	合併タイプ別・合併有無	合併タイプ別・合併期間	人口規模区分別	合併タイプ別・人口規模区分別
標本数	3820	3820	3820	3820
グループ数	764	764	764	764
R^2(overall)	0.4820	0.4793	0.4933	0.4936
F検定	1.226; $P<0.003$	1.227; $P<0.003$	1.227; $P<0.003$	1.227; $P<0.003$
Breusch and Pagan検定	1365.15; $P<0.001$	1376.59; $P<0.001$	1357.79; $P<0.001$	1347.16; $P<0.001$
Hausman検定	84.83; $P<0.001$	43.60; $P<0.001$	62.98; $P<0.001$	58.24; $P=0.0001$

	全体・2年	合併タイプ別・2年
標本数	3820	3820
グループ数	764	764
R^2(overall)	0.4621	0.3979
F検定	1.200; $P<0.006$	1.204; $P<0.006$
Breusch and Pagan検定	1351.40; $P<0.001$	1343.95; $P<0.001$
Hausman検定	54.66; $P<0.001$	125.10; $P<0.0001$

	全体・5年	合併タイプ別・5年
標本数	3820	3820
グループ数	764	764
R^2(overall)	0.4660	0.3962
F検定	1.207; $P<0.005$	1.205; $P<0.005$
Breusch and Pagan検定	1316.26; $P<0001$	1349.74; $P<0.001$
Hausman検定	50.54; $P<0.001$	49.30; $P<0.001$

出所：筆者作成。

第4部

コンパクト化と自然リスク・人口減少

> 第4部では，コンパクトシティのメリットを打ち消してしまう可能性のある現象（外部要因）として，第7章で新型コロナウイルス感染症（COVID-19）の流行，第8章で人口減少をそれぞれ取り上げる。COVID-19の流行は，人々に人との接触を避けさせるためコンパクトシティが持つ利点を欠点に変えてしまい，中心部ほど地価が大きく下落することにつながった。しかし，時間とともに感染への危機意識が薄れると地価も回復している。したがって，感染症の流行によってもコンパクトシティが持つ経済的価値は揺らいでいないことが示唆される（第7章）。都市構造がそのままでも人口が減少すると，都市のコンパクト度は悪化（＝非コンパクト化）し，財政は悪化する。コンパクトな都市を維持する政策には，財政悪化を緩和させる効果がある。（第8章）。

第7章 感染症とコンパクトな都市の魅力
　　　——COVID-19への脅威は空間構造を変えたのか？
第8章 人口減少に伴う非コンパクト化
　　　——コンパクト度の維持はどれほど財政を改善させるのか？

第 7 章

感染症とコンパクトな都市の魅力
COVID-19 への脅威は空間構造を変えたのか？

本章のポイント

「コンパクトシティ」（都市のコンパクト度が高い自治体）も，予期せぬ事態から影響を受けるリスクがある。新型コロナウイルス感染症（COVID-19）の流行は，密度および近接性が高い地点の地価を下落させ，コンパクト化がもたらす効果を打ち消した可能性がある。ただし，流行から数年が経って感染への危機意識が薄れるにつれ，地価も以前の状態に戻ることも考えられる。

そこで，本章では，COVID-19 の流行前後における都市内での各地点の地価の動きについて分析する。分析の結果，容積率の高い地域やコンパクト度の高い地域の地価ほど，2021 年の下落幅は大きかったが，その後の 22 年，23 年の回復幅も一部を除き大きいことが明らかとなった。

したがって，本章の分析は，地価をコンパクトな都市の魅力の経済的価値として捉える場合，コンパクト化の経済的価値は，新型コロナウイルス感染症以後も，維持されていることを示唆している。

1. はじめに

新型コロナウイルス感染症（以下「COVID-19」という）の流行は，コンパクトな都市の魅力にどのような影響を与えたのだろうか。コンパクトな都市では，住民の密度および近接性が高いが，そのような都市の魅力は下落したのだろうか。そして，都市の魅力が地価に表れるとするならば，地価を下落させる効果

が生じたのだろうか．

　COVID-19 がコンパクトな都市の魅力としての地価に影響を与えるとした場合，都市の中でも人口が集中する中心部と周辺部では地価の下落幅に違いが生ずると予想される．なぜなら，COVID-19 の感染やその被害の拡大に対して，人々は人との接触を避けて人流が少ない就業場所を選択したり，テレワークを活用して感染リスクが少ない居住形態を求めたりするようになると考えられるからである．

　沓澤ほか（2022b）は，COVID-19 の流行前の 2016 年から流行直後である 21 年までのパネルデータをもとに分析を行った．それによると，COVID-19 の流行当初は，住宅地や商業地の地価は下落し，とくに人と人との接触が多い都市の中心部に存在する容積率の高い地域で下落幅が大きくなったという結果が示された．こうした違いの背景には人々の土地需要の変化が考えられる．つまり，COVID-19 の感染状況が深刻な都市の中心部において土地需要が大きく減少したため，地価が大きく下落することとなったと見られる．

　流行初期には，COVID-19 が消え去らない限りは 2021 年以降も人々は都市の中心部を避け周辺部の居住場所を選択したり，地方都市へと移住したりする傾向は継続し，都市構造は COVID-19 の発生前とは異なる形になることが予想された．しかしながら，2022 年，23 年と時間が経過するにつれて感染者数や死亡者数は増加していったにもかかわらず，人々の就業や居住場所の選択が COVID-19 の発生前とは異なる形にはならなかったようである．とくに 2023 年になってからは，人々の就業や生活様式は以前のものにある程度戻ってきているように思われる．この実態を明らかにすることは，コンパクトな都市の魅力がコロナ後一定期間経ったあとで，どのように評価されているのかを知る上で重要である．

　コンパクトな都市の魅力は，COVID-19 の流行初期に人々の生活様式の変化が地価に影響を与えたのと同じように，地価で評価することが可能である．そして，コンパクト化による地価の変化は財政状況，居住者や就業者の利便性などにも影響を与える可能性がある．財政に関していえば，第 2 章で示されたように，都市の中心部に居住や就業機能が立地しコンパクトな都市構造になれば，地価の上昇を通じて税収も増加する可能性が大きい．

　そこで，本章では，COVID-19 の流行前から流行とそれによる被害が大き

い時期を経て，経済社会活動への影響が沈静化してきた 2023 年 1 月までの全国の公示地価のデータを使用して，その影響からの地価の変化の特徴を明らかにし，コンパクトな都市の魅力，すなわち都市構造に変化があったのかを確認する。

本章は以下のように構成される。次節では先行研究とその限界を，第 3 節では本章の新規性を，第 4 節では本分析での仮説を説明する。続く第 5 節では推定モデルとデータを，第 6 節では推定結果を述べる。最後に，第 7 節でインプリケーションをまとめる。

2. 先行研究とその限界

COVID-19 の流行がアメリカの不動産価格に与えた影響を分析した先行研究としては，Liu and Su（2021），Ramani and Bloom（2021），Cheshire et al.（2021），Delventhal et al.（2022）がある。

Liu and Su（2021）は，アメリカの住宅在庫，住宅価格や賃料を分析して，COVID-19 によって職場への近接性や買い物への利便性を確保するニーズが減少したことにより，人口密度の高い地域における住宅需要の減少と，流行以前に住宅価格が高かった地域で大きく価格が下落したことを明らかにした。

Ramani and Bloom（2021）は，人口や不動産価格の変化率が COVID-19 前後でどのような要因により影響を受けたかを検証するために，アメリカの都市を郵便コードで示される地域別に，都市の中心部からの距離などを説明変数とした分析を行った。その結果，人口の増減率に関しては COVID-19 流行後に低下し，都市の中心部からの距離の係数は有意に正となった。一方で，不動産価格に関しては COVID-19 流行後に下落するものの，都市の中心部からの距離の係数は正となり，距離の長い郊外部ほど不動産価格の低下幅は小さかった。これは，都市の中心部は COVID-19 の感染のおそれから住民が居住を回避する傾向があったことを示している。

Cheshire et al.（2021）は，COVID-19 の流行により，ロンドンとその周辺地域では一戸建てやテラスハウスなどの仕事ができるスペースを確保できる住宅に対する需要が大きくなったため，都心地域や都心から 20〜40 km 圏での一戸建て住宅の価格が上昇したことを明らかにした。

Delventhal et al. (2022) は，在宅勤務が恒常的に増加した場合の都市の形態の変化について，ロサンゼルス都市圏に関する定量的モデルを用いて分析した。職場が中心に集中する一方で居住地は郊外に移転するとともに，交通混雑は減少して移動時間が減少し，不動産価格は中心部では下落し，周辺部では上昇することを示した。

COVID-19 の流行が日本の不動産価格や不動産の取引に与えた影響に関する先行研究としては，鈴木ほか（2021），杏澤ほか（2022b），鈴木・武藤（2022），上野（2023）がある。

鈴木ほか（2021）は，首都圏における不動産事業者への新築・中古住宅物件の資料請求状況に関するデータをもとに，COVID-19 の第 1 波の外出自粛期間前後に資料請求量の増加が見られた物件の特性を分析した。それによると，乗車時間が都心から 45 分以上で最寄り駅から 15〜20 分以上離れた物件，延床面積 100〜150 m^2 の物件などであり，従来の請求とは相違が見られたことを明らかにした。

杏澤ほか（2022b）は，地価公示のデータをもとに，COVID-19 の感染者数割合と死亡者数割合が住宅地・商業地の地価を下落させる効果を有し，商業・業務機能や居住機能が高度に利用されている容積率の高い地域でとくにその下落幅が大きいことを明らかにした。これは，人と人との接触がとくに大きい地域では感染のリスクを避けるために商業業務施設や住宅の需要が小さくなることを示している。

鈴木・武藤（2022）は，所有権移転登記データを用いて，COVID-19 の流行による既存住宅取引量の変化の傾向を分析した。その結果，①都心 0〜20 km 圏の区分所有建物と一般建物でともに取引件数の減少が見られ，さらに一般建物では 20 km 以上の郊外部での取引の比重が高まったこと，②区分所有建物では駅徒歩分数が 10 分未満，一般建物では 15 分未満の住宅で取引件数が大きく減少したこと，③区分所有建物と一般建物ともに，延床面積が小さい住宅で取引件数が大きく減少したこと，④都心 40〜80 km 圏では，森林や海浜といった自然環境に近接する住宅で取引件数が増加する傾向が見られたことを指摘している。

上野（2023）は，COVID-19 による死者数と緊急事態宣言の有無が半期前からの地価変動率に与える影響を，2017 年 1 月から 20 年 7 月，21 年 1 月，7 月，

22年1月までのそれぞれの期間について推定を行った。分析の結果，期間が最近のものまで拡がるにつれ，COVID-19による死者数の係数が有意でなくなることを示している。ただし，この分析は2022年1月までの地価変動率への影響を見ており，日本において感染法上の分類が2類から5類になり，行動制限が大幅に緩和された後の地価の変化（回復）については分析できていない。

このように，先行研究は，アメリカや日本においてCOVID-19の流行が地価の下落や土地取引の傾向に変化をもたらしたことを明らかにした。しかし，流行後一定期間が経ち，行動制限が大幅に緩和された後の地価の動きについて分析した論文は見当たらない。そのため，COVID-19の流行から時間が経過するにつれて地価がどのように変化（または，回復）しているのかを検証する課題が残されているといえる。

3. 本章の新規性

本章では，感染症がコンパクトな都市の魅力を低下させるかという視点から，COVID-19の流行が地価へ与える影響を検証する。

COVID-19の流行直後の地価の変化とその影響の持続性を，都市の集積の視点から明らかにした研究はなく，ここに新規性がある。また，パネル分析を行うことで，各都市のサンプルの固定効果を取り除いた分析を行う。

以上より，地価の変化を持続的な効果も含めた形でパネル分析を行うことで，COVID-19の流行がコンパクトな都市の魅力に中・長期的にどのような影響を与えるのかを的確に検証することができる。パンデミックは，事前に予測することが困難な発生と爆発的な拡大，そして沈静化と共存に至る過程を経て社会経済活動と両立するようになった。この過程で都市構造が受けた中・長期的な影響，さらにその影響を受けた地方財政の中・長期的に持続可能なあり方を考えることができるという点で，本章は，都市の空間構造をつくる政策の制度設計に貢献できると考えられる。

4. 仮説——COVID-19への脅威は空間構造を変えたのか

本章では，上記の議論を踏まえ，「COVID-19への脅威は空間構造を変えた

のか」という大きな問いに対して，具体的に以下の仮説を検証する。

　仮説1：容積率の高い地域ほど，2021年の地価の増減率の下落幅は大きく，22年，23年の上昇幅も大きい。

　COVID-19が流行した直後の2021年には，杏澤ほか（2022b）が分析したように人々が密集する都市の中心部ほど土地需要が低下した。具体的には，「COVID-19の感染状況や被害による地価の下落度合は，容積率の高い地点の方が低い地点より大きい」（杏澤ほか，2022b）ことが示された。これらはCOVID-19の流行による生活様式の変化が原因と考えられる。その後，2022年，23年になると国内でのCOVID-19の感染状況や被害は減っているとはいえないものの，COVID-19に対する対策も人と人との接触の厳格な抑制からより柔軟なものになった。そして，ワクチン接種などに対策の重点が移る中で，これまで避けられてきた人口が集中した地域への居住や就業を選択する可能性が再び高まる「揺り戻し」が発生していることが想定される。その「揺り戻し」も，より人口が集中すると思われる容積率の高い地点の方が低い地点よりも大きくなると考えられる。この結果，COVID-19の流行による感染状況や被害が，流行直後である2021年には地価の増減率が容積率の高い地域でより大きく下落し，その後の22年，23年には容積率が高い地域でより大きく回復すると考えられ，仮説1を設定した。ここでは，杏澤ほか（2022b）と同様に，住宅地と商業地別に検証を行う。

　仮説2：都市のコンパクト度が高い（NSDが小さい）地域ほど，2021年の地価の増減率の下落幅は大きく，22年，23年の上昇幅も大きい。

　COVID-19の流行に対して，その感染と被害を避けるために，人と人の接触を避ける生活や行動様式が進んだとすれば，その影響は人口が中心に集まっているコンパクト度が高い地域ほど大きくなっている可能性がある。その結果，COVID-19の流行直後である2021年においては，コンパクト度の高い地域ほど，地価の増減率の下落幅が大きくなった。しかし，22年，23年になると，仮説1の場合と同じように，コンパクトな都市ほど「揺り戻し」も大きくなり，

地価の増減率は急速に回復したと考えられることから，仮説2を設定した。ここでも，仮説1と同様に，住宅地と商業地別に検証を行う。そのコンパクト度が高いことを示す指標としては，序章で提示した「基準化された標準距離」（normalized standard distance：NSD）の数値の大きさを用いて検証する。

5. 推定モデルとデータ

5.1 推定モデル

最初に，仮説1を検証するために，住宅地については容積率の区分（容積率200％未満，200％以上500％未満，500％以上）ごとに式（7-1）を，商業地については容積率の区分（容積率300％未満，300％以上500％未満，500％以上700％未満，700％以上）ごとに式（7-2）を用いて，パネルデータによる固定効果分析を行う。

$$\ln P_{rt}/P_{rt-1} = \alpha + \Sigma_k \beta_k year_{rt}^k + \Sigma_l \gamma_l \Delta q_{rt}^l + \delta \ln \Delta den_{s(r)t} + \mu_r + \varepsilon_{rt} \quad (7\text{-}1)$$

$$\ln P_{ct}/P_{ct-1} = \alpha + \Sigma_k \beta_k year_{ct}^k + \Sigma_l \gamma_l \Delta q_{ct}^l + \delta \ln \Delta den_{s(c)t} + \mu_c + \varepsilon_{ct} \quad (7\text{-}2)$$

ここで，P_{rt}は住宅地の地価公示の調査地点rにおけるt時点での平方メートル当たりの価格，$year_{rt}^k$は調査地点rのt時点の年次ダミー（$k=1$は2019年，$k=2$は21年，$k=3$は22年，$k=4$は23年），Δq_{rt}^lは調査地点rのt時点において有する属性の対前年の増減（lは属性の種類），$\Delta den_{s(r)t}$は調査地点rが所在する市町村sのt時点の人口密度（可住地面積当たり人口）の対前年の増減である。μ_rは個体効果およびε_{rt}は誤差項を表す。

P_{ct}は商業地の地価公示の調査地点cにおけるt時点での平方メートル当たりの価格，$year_{ct}^k$は調査地点cのt時点の年次ダミーである（$k=1$は2019年，$k=2$は21年，$k=3$は22年，$k=4$は23年）。これ以外の変数は住宅地の場合と同様である。μ_cは個体効果およびε_{ct}は誤差項を表す。

これらの年次ダミーを用いて，それぞれの容積率の区分に属する調査地点の地価が，2020年1月1日と比べて19年および21〜23年にどのように変化したかを分析する。

なお，地価に影響を与える要素として，周辺の大都市へ通勤する利便性の変化も考えられるが，それぞれの地価ポイントから東京都区部や大都市への距離は分析対象期間を通じて不変であり，パネルデータによる固定効果分析で説明

変数に入れることはしなかった[1]。

　次に，仮説2を検証するために，NSDの区分（NSDが0.4未満，0.4以上0.5未満，0.5以上0.75未満，0.75以上1未満，1以上）ごとに，住宅地については式（7-1）を，商業地については式（7-2）を用いて，パネルデータによる固定効果分析を行う。

　これらの年次ダミーを用いて，それぞれのNSDの区分に属する地価が，2020年1月1日と比べて19年および21〜23年にどのように変化したかを分析する。

5.2　データ

　本章で使用するデータは，2019年から23年までの5カ年分のデータである。被説明変数は地価公示の平方メートル当たりの住宅地と商業地の地価である。

　まず，被説明変数である平方メートル当たりの地価は，毎年1月1日時点の地価を国土交通省から委嘱を受けた評価員が評価し，同年3月に同省が公表する「地価公示」である。地価公示は毎年調査地点を決定するため，対象となる地点は毎年変動しているが，その大部分は同一の場所を選定している。そこで，同一の地点の地価公示のデータを統合してパネルデータとした。本章では，この地価公示による地価のうち住宅地と商業地を対象として，それぞれを別々に分析する。

　次に，説明変数について説明する。第1に，年次ダミーは，2019年，21年，22年，23年の4つである。

　第2に，調査地点固有の属性は，①敷地の属性（敷地面積，形状ダミー〔台形，不整形〕，建物の属性（建物の構造ダミー〔木造，鉄筋コンクリート，鉄筋鉄骨コンクリート造〕，間口と奥行の比率，地上・地階の数），②土地における法規制（建ぺい率，容積率），③土地の用途ダミー〔住宅地，商業地，工業地〕，④前面道路の属性（道路の種類ダミー〔市道，県道，国道，道路幅員〕），⑤最寄り駅までの距離である。このうち敷地面積と建ぺい率，容積率，道路幅員，最寄り駅までの距離は対数値に変換して使用する。

　第3に，地価公示の調査地点が存在する地域での集積の度合いは，生産性の向上を通じて所得を高める効果があり，地価に影響を与えると考えられる。そこで，所得を生み出す源泉である集積の度合いを表す変数として，住宅や商業

表 7-1 基

変　数	住宅地			
	標本数	平均値	標準偏差	最　小	最　大
価格（円/m^2）	89,849	126,714	324,904	470	32,200,000
可住地当たり人口数（人/ha）	89,849	36.6539	52.6130	0.0480436	7623.063
敷地面積（m^2）	89,849	259	805	47	144,837
形状（台形）	89,849	0.0804	0.2718	0	1
形状（不整形）	89,849	0.0115	0.1065	0	1
建物構造（SRC）	89,849	0.0032	0.0561	0	1
建物構造（RC）	89,849	0.0494	0.2168	0	1
建物構造（鉄骨造）	89,849	0.1485	0.3556	0	1
建物構造（軽量鉄骨）	89,849	0.1186	0.3233	0	1
建物構造（木造）	89,849	0.7970	0.4023	0	1
奥行/間口	89,849	1.4332	0.5708	0	7.5
地　上　階	89,849	2.1089	1.0422	0	20
地　下　階	89,849	0.0139	0.1185	0	2
容積率（%）	89,849	174	64	0	900
建ぺい率	89,849	58	8	0	80
用途（1低専）	89,849	0.2667	0.4422	0	1
用途（2低専）	89,849	0.0092	0.0954	0	1
用途（1中専）	89,849	0.1663	0.3723	0	1
用途（2中専）	89,849	0.0734	0.2608	0	1
用途（1住居）	89,849	0.2795	0.4487	0	1
用途（2住居）	89,849	0.0372	0.1893	0	1
用途（準住居）	89,849	0.0006	0.0247	0	1
用途（近商）	89,849	0.0035	0.0589	0	1
用途（商業）	89,849	0.0063	0.0790	0	1
用途（準工）	89,849	0.0363	0.1871	0	1
用途（工業）	89,849	0.0008	0.0283	0	1
道路（国道）	89,849	0.0045	0.0668	0	1
道路（都道府県道）	89,849	0.0233	0.1509	0	1
道路（市町村道）	89,849	0.9128	0.2821	0	1
前面道路幅員（m）	89,849	6	3	0	100
駅からの距離（m）	89,849	2,231	3,913	0	98,000

注：用途の括弧内の略記は以下である。1低専：第1種低層住居専用地域，2低専：第2種低層住居専用地域，2住居：第2種住居地域，準住居：準住居地域，近商：近隣商業地域，商業：商業地域，準工：
出所：総務省「国勢調査」と総務省「住民基本台帳に基づく人口，人口動態及び世帯数」，総務省「社経済産業省「平成28年経済センサス－活動調査」，国土交通省「地価公示」より筆者作成。

本統計量

変　　数	標本数	平均値	標準偏差	最　小	最　大
価格（円/m^2）	31,469	574,813	2,224,558	1,080	57,700,000
可住地当たり人口数（人/ha）	31,469	40.2672	52.8994	0.0480436	3443.174
敷地面積（m^2）	31,469	625	2,206	43	150,641
形状（台形）	31,469	0.1470	0.3541	0	1
形状（不整形）	31,469	0.0557	0.2293	0	1
建物構造（SRC）	31,469	0.1010	0.3013	0	1
建物構造（RC）	31,469	0.3747	0.4840	0	1
建物構造（鉄骨造）	31,469	0.5639	0.4959	0	1
建物構造（軽量鉄骨）	31,469	0.0174	0.1309	0	1
建物構造（木造）	31,469	0.1507	0.3578	0	1
奥行/間口	31,469	1.7407	0.9664	0	9
地　上　階	31,469	3.7354	2.8973	0	52
地　下　階	31,469	0.1484	0.4579	0	6
容積率（%）	31,469	356	160	0	1,300
建ぺい率	31,469	76	8	0	80
用途（1低専）	31,469	0.0021	0.0457	0	1
用途（2低専）	31,469	0.0000	0.0056	0	1
用途（1中専）	31,469	0.0029	0.0540	0	1
用途（2中専）	31,469	0.0039	0.0621	0	1
用途（1住居）	31,469	0.0187	0.1355	0	1
用途（2住居）	31,469	0.0229	0.1496	0	1
用途（準住居）	31,469	0.0607	0.2388	0	1
用途（近商）	31,469	0.2882	0.4529	0	1
用途（商業）	31,469	0.4751	0.4994	0	1
用途（準工）	31,469	0.0708	0.2565	0	1
用途（工業）	31,469	0.0029	0.0540	0	1
道路（国道）	31,469	0.1988	0.3991	0	1
道路（都道府県道）	31,469	0.3242	0.4681	0	1
道路（市町村道）	31,469	0.4708	0.4992	0	1
前面道路幅員（m）	31,469	17	10	0	112
駅からの距離（m）	31,469	1,457	3,953	0	96,000

用地域，1中専：第1種中高層住居専用地域，2中専：第2種中高層住居専用地域，1住居：第1種住居準工業地域，工業：工業地域．
会生活統計指標」，厚生労働省「新型コロナウィルス感染症の現在の状況と厚生労働省の対応について」，

施設が立地することのできる可住地の面積を分母とした「可住地面積当たり人口」を用いる。なお，これは市町村（東京都区部は1つの都市として算出）単位の変数で，それぞれの都市の人口集積の状況を表している。

なお，本章で使用するデータの基本統計量は表7-1のとおりである。

6. 推定結果

6.1 容積率区分別の地価の変化に関する推定結果

まず，容積率区分別の地価の変化への影響を分析した結果のうち，住宅地に関するものが表7-2-1，商業地に関するものが表7-2-2である。そして，地価の（前年からの）増減率の基準年（2020年）からの変化幅を表す各年次ダミーの係数を容積率の区分別にグラフにしたものが，図7-1-1（左図）と図7-1-2（左図）である。また，地価の増減率の前年からの変化幅をグラフ化したものがそれぞれの右図である。

図7-1-1の住宅地の地価の増減率の変化を見ると，容積率500％以上の区分の住宅地については，それよりも容積率の低い区分よりも地価の増減率の2021年における下落幅は大きい。2021年と比較した22年以降の増減率の変化を見ると，500％以上の区分の住宅地の上昇幅が他の区分よりも大きいことがわかる。

図7-1-2の商業地の地価の増減率の変化を見ると，容積率が高い区分ほど地価の増減率の2021年における下落幅は大きい。これに対して，2022年，23年における上昇幅は，容積率の大きな区分ほど，おおむね大きくなっている。

以上のことから，仮説1は，住宅地については容積率500％以上とそれ以外の区分の間で，商業地についてはすべての区分の間で支持された。

6.2 NSD区分別の地価の変化に関する推定結果

また，NSD区分別の地価の変化への影響を分析した結果のうち，住宅地に関するものが表7-3-1，商業地に関するものが表7-3-2である。そして，地価の（前年からの）増減率の基準年（2020年）からの変化幅を表す各年次ダミーの係数をNSDの区分別にグラフにしたものが，図7-2-1と図7-2-2である。また，地価の増減率の前年からの変化幅をグラフ化したものがそれぞれの右図

表 7-2-1　容積率区分別の地価の変化（住宅地）

容 積 率	200% 未満	200-500%	500% 以上
2019 年	−0.002*** (0.0003)	−0.002*** (0.0002)	0.010 (0.0101)
2021 年	−0.012*** (0.0003)	−0.012*** (0.0002)	−0.079*** (0.0097)
2022 年	−0.001** (0.0003)	−0.004*** (0.0002)	−0.036*** (0.0137)
2023 年	0.020*** (0.0006)	0.005* (0.0003)	−0.005 (0.0132)
調査地点固有の属性	Yes	Yes	Yes
ln 可住地面積当たり人口	−0.003*** (0.0003)	−0.0002* (0.0001)	0.014 (0.0232)
定　　数	0.010*** (0.0002)	0.007*** (0.0001)	0.069*** (0.0132)
標 本 数	23,593	52,085	107
グループ数	5,767	12,531	32
R^2 (within)	0.2005	0.1471	0.5916
R^2 (between)	0.0075	0.0038	0.0039

注：***は1% 有意，**は5% 有意，*は10% 有意，括弧内は標準誤差。
出所：筆者作成。

表 7-2-2　容積率区分別の地価の変化（商業地）

容 積 率	300% 未満	300-500%	500-700%	700% 以上
2019 年	−0.027*** (0.0004)	−0.004*** (0.0007)	−0.005*** (0.0020)	0.001 (0.0041)
2021 年	−0.012*** (0.0004)	−0.033*** (0.0007)	−0.081*** (0.0021)	−0.143*** (0.0040)
2022 年	−0.004*** (0.0004)	−0.021*** (0.0007)	−0.057*** (0.0041)	−0.115*** (0.0055)
2023 年	0.006*** (0.0007)	−0.009*** (0.0012)	−0.045*** (0.0016)	−0.091*** (0.0136)
調査地点固有の属性	Yes	Yes	Yes	Yes
ln 可住地面積当たり人口	−0.001*** (0.0004)	0.002*** (0.0007)	0.010*** (0.0028)	−0.017** (0.0080)
定　　数	0.006*** (0.0003)	0.025*** (0.0005)	0.065*** (0.0016)	0.123*** (0.0050)
標 本 数	8,778	11,247	3,528	836
グループ数	2,144	2,760	892	220
R^2 (within)	0.1601	0.2434	0.4944	0.7660
R^2 (between)	0.0000	0.0025	0.0279	0.0971

注：***は1% 有意，**は5% 有意，括弧内は標準誤差。
出所：筆者作成。

図7-1-1 容積率区分別の地価増減率からの変化幅（住宅地）

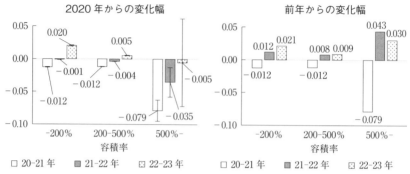

注：棒グラフの長さは係数推定値を示し，その値を中心にした上下の線は95%の信頼区間を表す。
出所：筆者作成。

図7-1-2 容積率区分別の地価増減率からの変化幅（商業地）

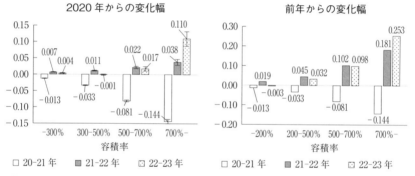

注：棒グラフの長さは係数推定値を示し，その値を中心にした上下の線は95%の信頼区間を表す。
出所：筆者作成。

表 7-3-1　NSD 区分別の地価の変化（住宅地）

NSD	0.4 未満	0.4-0.5	0.5-0.75	0.75-1	1-
2019 年	0.001 (0.0005)	−0.001** (0.0004)	−0.004*** (0.0004)	−0.007*** (0.0011)	−0.001*** (0.0002)
2021 年	−0.039*** (0.0006)	−0.019*** (0.0004)	−0.015*** (0.0004)	−0.005*** (0.0011)	−0.004*** (0.0002)
2022 年	−0.020*** (0.0007)	−0.006*** (0.0004)	0.002*** (0.0004)	−0.004*** (0.0011)	0.0003* (0.0002)
2023 年	−0.011*** (0.0023)	0.017*** (0.0008)	0.025*** (0.0006)	0.001 (0.0012)	0.004*** (0.0003)
調査地点固有の属性	Yes	Yes	Yes	Yes	Yes
ln 可住地面積当たり人口	0.005*** (0.0007)	−0.002*** (0.0003)	−0.006*** (0.0003)	−0.009*** (0.0009)	−0.0004** (0.0009)
定　　数	0.031*** (0.0006)	0.016*** (0.0003)	0.019*** (0.0003)	0.004*** (0.0003)	12.239*** (0.7697)
標　本　数	10,997	10,621	17,112	13,587	29,243
グループ数	2,725	2,656	4,132	3,451	6,851
R^2 (within)	0.0433	0.3499	0.2716	0.1260	0.0575
R^2 (between)	0.1145	0.0140	0.0358	0.0219	0.0001

注：***は1%有意，**は5%有意，*は10%有意，括弧内は標準誤差。
出所：筆者作成。

表 7-3-2　NSD 区分別の地価の変化（商業地）

NSD	0.4 未満	0.4-0.5	0.5-0.75	0.75-1	1-
2019 年	−0.007*** (0.0020)	0.002 (0.0021)	−0.007*** (0.0012)	−0.002*** (0.0010)	−0.002*** (0.0004)
2021 年	−0.108*** (0.0019)	−0.066*** (0.0021)	−0.042*** (0.0011)	−0.019*** (0.0009)	−0.007*** (0.0004)
2022 年	−0.090*** (0.0030)	−0.038*** (0.0021)	−0.027*** (0.0012)	−0.010*** (0.0010)	−0.004*** (0.0004)
2023 年	−0.010*** (0.0048)	−0.011** (0.0015)	−0.011*** (0.0018)	0.006*** (0.0017)	−0.0003 (0.0010)
調査地点固有の属性	Yes	Yes	Yes	Yes	Yes
ln 可住地面積当たり人口	−0.0169*** (0.0034)	0.002 (0.0023)	−0.002 (0.0012)	−0.001 (0.0011)	0.0004 (0.0003)
定　　数	0.096*** (0.0030)	0.056*** (0.0015)	0.051*** (0.0008)	0.013*** (0.0007)	10.208*** (0.0185)
標　本　数	2,963	3,089	4,617	4,281	9,439
グループ数	779	789	1,137	1,141	2,282
R^2 (within)	0.6771	0.3986	0.3341	0.1567	0.0618
R^2 (between)	0.0292	0.0147	0.0014	0.0185	0.0031

注：***は1%有意，**は5%有意，括弧内は標準誤差。
出所：筆者作成。

第 7 章　感染症とコンパクトな都市の魅力

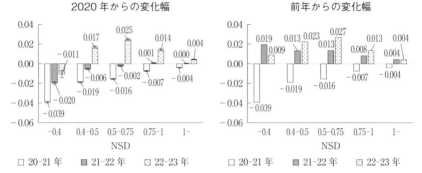

図 7-2-1　NSD 区分別の地価増減率からの変化幅（住宅地）

注：棒グラフの長さは係数推定値を示し，その値を中心にした上下の線は 95％ の信頼区間を表す。
出所：筆者作成。

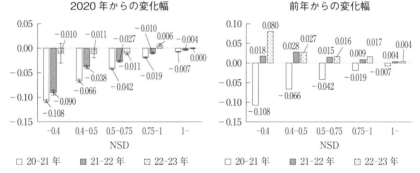

図 7-2-2　NSD 区分別の地価増減率からの変化幅（商業地）

注：棒グラフの長さは係数推定値を示し，その値を中心にした上下の線は 95％ の信頼区間を表す。
出所：筆者作成。

である。

　図 7-2-1 の住宅地の地価の増減率の変化を見ると，NSD が小さい（都市のコンパクト度が高い）区分ほど地価の増減率の 2021 年における下落幅は大きい。これに対して，2022 年以降では，23 年の NSD が 0.5 未満の区分を除けば，NSD が小さい区分ほど上昇幅が大きくなっている。

　図 7-2-2 の商業地の地価の増減率の変化を見ると，NSD が小さい区分ほど地価の増減率の 2021 年における下落幅は大きい。これに対して，2022 年以降の地価の増減率の上昇幅は，22 年の NSD が 0.4 未満の区分や 23 年の NSD が 0.5〜0.75 の区分を除き，NSD の小さい区分ほど大きくなっている。

　以上のことから，仮説 2 は，2021 年における地価の増減率の下落幅については，住宅地，商業地ともに支持された。2022 年以降の増減率の上昇幅については，住宅地，商業地ともに一部の区分を除き支持された。

7. インプリケーション
　　──感染症の視点から見たコンパクト化の評価

　本章では，COVID-19 の流行後一定期間が経ち，移動制限が緩和された後の 2023 年 1 月までの全国の公示地価のデータを使用して，「住宅地や商業地の地価について，①容積率が高い地域ほど，あるいは，②都市のコンパクト度が高い（NSD が小さい）地域ほど，流行当初の 2021 年においては，地価の増減率の下落幅が大きくなり，22 年，23 年においては，増減率の上昇幅が大きくなる」という仮説を検証した。

　分析の結果，①容積率に関しては，住宅地は部分的に，商業地はすべての地域で仮説は支持された。また，②都市のコンパクト度に関しては，2021 年は住宅地，商業地ともにすべての地域で仮説は支持され，22 年以降は住宅地，商業地ともに一部を除き支持された。

　このことは，COVID-19 の流行とその後の状況の変化が居住や就業の決定に影響を与え，それが土地に対する需要の変化と地価に反映されていると考えられる。つまり，COVID-19 の流行の当初は，一部の例外はあるものの，人が密集する地域やコンパクト度の高い都市に感染者数や死亡者数が多く発生する傾向が見られた。そのため，感染防止対策の上から人が密集する場所に行く

ことや人と人とが接触することを避けることが強く求められ，住民や事業者も容積率の高い地域やコンパクト度の高い地域での居住や就業を避ける傾向が生じた。それが土地の需要や地価の下落を引き起こしたと考えられる。

その後，人口の集中が見られない地域にも感染が拡がり，COVID-19への対策もワクチン接種が本格化し，一方で外出自粛などの措置は緩和の傾向が見られた。この結果，容積率が高い地域やコンパクト度の高い地域での居住や就業の需要が回復し，住宅地や商業地の地価の回復につながったと見られる。このため，本章での分析で明らかになった容積率やコンパクト度の異なる地域別の地価の変化は，これまで述べたCOVID-19の流行やそのことに対する対策や居住者，事業者の対応の変化と整合的といえる。

今後，COVID-19の流行がコンパクトな都市の魅力としての地価に与える影響，およびその結果としての都市構造の変化の行方に関しては，COVID-19の感染症としての取り扱いが第2類から第5類に変更されても，感染者数が変更前と比べて大きく変わっていない状況の下では，引き続き精査を要する問題である。とくに，当初はCOVID-19への感染防止のために急速に拡がったリモートワークやテレワークが，その後も広く利用されるようになり，都市の中での就業や居住のあり方に変化をもたらす可能性がある。現実に，東京都心などの大都市中心部でのオフィスの空室率がCOVID-19の流行後に上昇したまま高い水準を保っていることなどの現象が見られるが，こうした傾向は欧米の大都市でも認められ，今後もそうした傾向が継続していく可能性もある。その場合に，コンパクトな都市の魅力にいかなる影響を与えるのか，それによって都市の構造，および財政や経済活動などにいかなる結果をもたらすのかなどの分析が今後は必要となろう。

* 本章は，竹本ほか（2023）をベースに，大幅に加筆・修正したものである。

注
1 都市のコンパクト度が高いときに地価が高いということは，実は政令指定都市等からの距離が短いことが影響しているのではないかという指摘も考えられることから，東京都特別区と政令指定都市からそれぞれの都市までの距離とNSDとの相関係数を計測した。2015年時点の数値で2つの変数の相関係数は0.1594であり，大きな相関は見られない。

第8章

人口減少に伴う非コンパクト化
コンパクト度の維持はどれほど財政を改善させるのか？

本章のポイント

多くの自治体で，今後の人口減少によって都市のコンパクト度が悪化すること（＝非コンパクト化）が予想される。その結果，市町村の1人当たり歳出は増加し固定資産税収も減少するため，自治体の財政は悪化する可能性が高い。裏を返せば，都市のコンパクト度を維持することができれば，財政を改善できると考えられる。

そこで，本章では，第1章と第2章で推定した効果をもとに，人口減少と高齢化が進む中で，①現在のコンパクト度を維持したケースと②コンパクト度が10％上昇したケースについて，財政改善効果をシミュレーションする。

分析の結果，歳出と歳入の両面から合計で2030年度に①5494億円，②1兆7032億円，2045年度に①1兆2261億円，②2兆2024億円の財政改善効果が見込めることが明らかとなった。

したがって，本章の分析は，強力に都市のコンパクト化を推進する政策には，人口減少と高齢化による財政悪化を緩和する効果があることを示唆している。

1. はじめに

第1章および第2章で分析したように，都市のコンパクト化は自治体（市町村）の財政に影響を与える。分析結果からは，コンパクトな都市になることで，1人当たり歳出は減少し，歳入（固定資産税収）は増加することがわかった。

一方で日本は人口減少に直面しており，しばらくの間は，この流れを止めることができない。今後の人口減少と高齢化が進む中で都市のコンパクト度は悪化することが確実であり，その結果，市町村の１人当たり歳出は拡大し，市街地面積当たり固定資産税収も減少することが想定される。逆にいえば，コンパクト度を維持することができれば，財政は改善できると考えられる。

　本章では，第１章および第２章で得られた推定結果をベースに，国立社会保障・人口問題研究所の「日本の地域別将来推計人口」に掲載された2030年度と45年度の将来推計人口等を用いることで，都市のコンパクト度に加えて人口減少と高齢化の影響も考慮した上で，両年度における市町村（第１章，第２章と分析対象は同じ）の歳出と固定資産税収のシミュレーションを行う。

　このシミュレーションを行う際に，想定する将来のコンパクト度の違いによって市町村の歳出と固定資産税収も違ってくると考えられる。そこで，以下の３つのシナリオを想定する。

　まずは，コンパクト化を推進する政策が何ら実施されない場合（自然放置）を考える。これからの日本は本格的な人口減少時代を迎えるため，積極的なコンパクトシティ政策を遂行しないで自然な人口移動に任せていた場合には，人口減少によって都市がコンパクトでなくなる可能性がある（これを「非コンパクト化」と呼ぶことにする）。なぜならば，人口が減少する場合，都市の周辺部に人々が住まなくなるとは限らず，コンパクト化するとは限らないからである。さらに，一度拡がった居住地域は簡単には縮小しない場合が多い。つまり，都市の大きさは変わらずに中心部も周辺部も均一に人口が減少していくと，人口が同規模の都市と比較して，さらにコンパクトではない状態となる可能性が高い。そこで，都市のコンパクト化が進まず，人口減少に際して都市の全域で均一に人口が減少する非コンパクト化のケースをシナリオ１とする。

　次に，コンパクトシティへの理解が進み，各市町村で都市のコンパクト化を推進する政策が実施された場合を考える。ただし，今までよりもコンパクトな都市に作り替えることには大変な労力が必要となるため，人口減少による非コンパクト化が進む中では，現状のコンパクト度を維持するだけでも十分に難易度の高い目標かもしれない。そこで，人口減少と高齢化が進む中で現在と同程度のコンパクト度を維持したケースをシナリオ２，さらなる政策を行い，現状よりも10％のコンパクト度の上昇（NSDの低下）が達成できたケースをシナ

リオ3とし，この3つのケースについてシミュレーションを行う。

そして，以上の3つのシナリオを比較することでコンパクト化政策の効果を明らかにする。つまり，何ら政策を実施せず非コンパクト化が進んだ場合であるシナリオ1と，人口減少と高齢化が進む中でも現状のコンパクト度を維持した場合であるシナリオ2を比較することで，コンパクト化政策が市町村の歳出と歳入に与える効果を明らかにする。同様に，シナリオ1と3を比較することで，現状よりも10%のコンパクト度の上昇（NSDの低下）という，さらに都市のコンパクト化を推進する政策が実現した場合の効果を明らかにする。

本章の構成は次のとおりである。次節では先行研究とその限界を，第3節では本章の新規性を説明する。続く第4節ではシミュレーションの内容について説明し，第5節ではシミュレーションの結果を，第6節では都市のコンパクト化を推進する政策の財政改善効果を述べる。最後に，第7節でインプリケーションをまとめる。

2. 先行研究とその限界

人口減少が，財政に与える影響に関しては，赤井ほか（2008a，2008b）が将来の人口減少や高齢化が市町村の財政収支に与える影響について分析している。これらの研究では，都市のコンパクト度の変化による効果は考慮されていない。人口減少が都市のコンパクト度の変化を通じて歳出および歳入に与える影響について分析した研究は，第1章および第2章で紹介した研究以外には，筆者が知る限り，存在していない。

3. 本章の新規性

本章では，人口減少が都市のコンパクト度を低下（NSDを上昇）させる（非コンパクト化）という視点から，コンパクト度を維持することによる財政改善への影響をシミュレーションする。

将来の人口減少がコンパクト度の変化を通じて歳出および歳入に及ぼす影響に加え，コンパクト度を維持する政策による財政改善への影響を明らかにしており，ここに新規性がある。

以上より，シミュレーションによって，人口減少がコンパクト度の変化を通じて歳出および歳入にどのような影響を与えるのかを的確に検証することができ，コンパクト度を維持する政策を考えることができるという点で，本章は，地方財政の健全化，都市経営の持続可能性を向上させる政策の制度設計に貢献できると考えられる。

4. シミュレーション

4.1　シミュレーションにおけるシナリオと政策効果の定義

　都市のコンパクト化が進むのかどうかは，人口減少や高齢化が進む中で，人々の市町村内での分布がどのように変化するのかに依存する。つまり，都市全体がスポンジのように穴だらけになっていくのか，それとも，主に郊外部で人口が減少し，中心部での人口は維持できるのかで，同じ人口でもコンパクト度，および結果としての財政に与える影響は大きく違ってくる。そこで，表8-1にあるように，3つのシナリオを想定してシミュレーションを行う。

　まず，都市のコンパクト化が進まず，人口減少に際して都市の全域で均一に人口が減少する非コンパクト化のケースである。これは，序章に掲げた「標準距離」(standard distance：SD) が現在の値のまま一定と仮定するケースで，シナリオ1とする。なお，すべてのシナリオで，人口および年齢別人口は2030年度および45年度の将来推計人口を使用する。次に，シナリオ2として，序章で示された「基準化された標準距離」(normalized standard distance：NSD) が現在の値のままと仮定するケースをシミュレーションする。最後に，都市のコンパクト化がさらに進んだ場合をシナリオ3として，NSDが現在の値よりも10％低下すると仮定したケースを行う。

　ここで注意されたいのは，人口が減少する場合のシナリオ1とシナリオ2の政策的な違いである。シナリオ1のようにSDを一定と仮定すると，ほとんどの市町村で将来人口は減少するため，将来のNSDは大きくなってしまい，都市のコンパクト度は低下することになる。それに対して，シナリオ2では（人口は変化しても）NSDは一定と仮定しているため，人口が減少した場合にはSDはそれに応じて縮小していなければならない。つまり，減少した人口規模に見合った中心部への人口集中が起こっており，その結果として，人口規模を

表 8-1　3つのシナリオ

シナリオ	人　口	SD（標準距離）	NSD（基準化された標準距離）
1	将来人口	現状のまま	拡大（注1）
2	将来人口	縮小（注2）	現状のまま
3	将来人口	大幅縮小（注3）	現状より10％縮小

注：1　SDは一定であると仮定しているので，人口減少の場合には，NSD
　　　は拡大することが想定されていることになる。
　　2　NSDは一定であると仮定しているので，人口減少の場合には，SD
　　　は縮小することが想定されていることになる。
　　3　NSDが縮小すると仮定しているので，人口減少の場合には，SDは
　　　大幅に縮小することが想定されていることになる。
出所：筆者作成。

考慮した上での比較において都市のコンパクト度は変化していないということになる。そのため，人口が減少する場合のシナリオ2では，現在と同程度のコンパクト度を維持するためのコンパクト化推進政策が実施できた状態といえる。それに対して，シナリオ1では何らそのような政策を実施しなかったことになる。

よって，都市のコンパクト化を推進する政策を何ら実施しなかった場合であるシナリオ1と，現在と同程度のコンパクト度を維持する政策（これを政策①と呼ぶこととする）を実施できた場合であるシナリオ2の差を，政策①が市町村の歳出と歳入に与える効果と定義する。同様に，シナリオ1と，人口減少によるコンパクト度の低下（NSDの上昇）を上回るほどに人口を都市部に集中させ，現状よりも10％コンパクト度を上昇（NSDを低下）させる政策（これを政策②と呼ぶこととする）を実施できた場合であるシナリオ3の差を，政策②が市町村の歳出と歳入に与える効果と定義する。

4.2　シミュレーションの方法

シミュレーションの方法と政策の効果について，イメージ図（図8-1）を使って説明する。

ここでは，3つのシナリオにおける2030年度の1人当たり歳出総額の予測値を例に説明する。まず，A市の2030年度のNSDである$\widehat{NSD}_A^{30}$は，各シナリオに応じて，以下のように算出する。

図 8-1 シミュレーションと政策効果（1人当たり歳出総額）のイメージ図

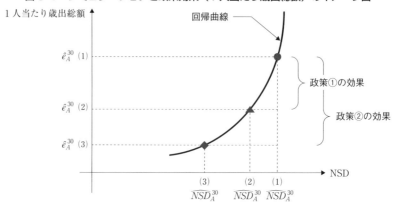

出所：筆者作成。

シナリオ 1： $\widehat{NSD}_A^{30} = SD_A^{15}/\sqrt{\widehat{N}_A^{30}}$

シナリオ 2： $\widehat{NSD}_A^{30} = NSD_A^{15}$

シナリオ 3： $\widehat{NSD}_A^{30} = NSD_A^{15} \times 0.9$

ここで，$\widehat{N}_A^{30}$ は A 市の 2030 年度の将来推計人口を表している。

次に，シナリオ 1 (図 8-1 の●) における 2030 年度の 1 人当たり歳出総額の予測値 $\hat{e}_A^{30}$ (図 8-1 の縦軸の(1) $\hat{e}_A^{30}$) を，30 年度の A 市の NSD である $\widehat{NSD}_A^{30}$ (図 8-1 の横軸の(1) $\widehat{NSD}_A^{30}$) をもとに，以下の式で算出する。

$$\hat{e}_A^{30} = \exp\left(\alpha + \beta_1 \ln \widehat{NSD}_A^{30} + \beta_2 (\ln \widehat{NSD}_A^{30})^2 + \beta_3 \ln \widehat{N}_A^{30} + \Sigma_k \beta_k \hat{x}_{kA}^{30} + \Sigma_j \beta_j x_{jA}^{15}\right)$$

ここで，β_1 と β_2，β_3，β_k，β_j には第 1 章の分析により推定された係数（表 1-2 のモデル 2）である。また，$\hat{x}_{kA}^{30}$ は 2030 年度の（年齢別将来推計人口から算出された）15 歳未満人口割合と 65 歳以上人口割合，x_{jA}^{15} は 2015 年度の昼夜間人口比率と政令指定都市ダミー，中核市ダミー，町村ダミーである。同様にして，シナリオ 2 (図 8-1 の▲) とシナリオ 3 (図 8-1 の◆) における 1 人当たり歳出総額の予測値 $\hat{e}_A^{30}$ を算出する。

シナリオ 1 とシナリオ 2 (図 8-1 の●と▲) の差が政策①の（1 人当たり歳出総額の）効果，シナリオ 1 とシナリオ 3 (図 8-1 の●と◆) の差が政策②の（1

人当たり歳出総額の）効果である。

さらに，2030年度の歳出総額の予測値 $\widehat{E}_A^{30}$ を，1人当たり歳出総額の予測値 $\widehat{e}_A^{30}$ に30年度のA市の将来推計人口 $\widehat{N}_A^{30}$ を掛けて算出する。

$$\widehat{E}_A^{30} = \widehat{e}_A^{30} \times \widehat{N}_A^{30}$$

この歳出総額の予測値のシナリオ1と2の差が政策①のA市の歳出に与える効果，シナリオ1と3の差が政策②のA市の歳出に与える効果である。

同様にして，3つのシナリオにおける2045年度の1人当たり歳出総額の予測値と（それに45年度の将来推定人口を掛けた）45年度の歳出総額の予測値を算出する。

さらに，歳入においても，2030年度および45年度の市街地面積当たり固定資産税の予測値と（それらに15年度の市街地面積を掛けた）30年度および45年度の固定資産税収の予測値を算出する。なお，このシミュレーションでは，第1章および第2章で推定された係数を使用する。

5. シミュレーション結果

シミュレーションによって算出された1人当たり歳出総額の予測値の平均と市街地面積当たり固定資産税の予測値の平均，歳出総額の予測値を第1章において分析対象となった751市町について合計したもの（これを歳出総額の合計と呼ぶ），同じく固定資産税収の予測値を合計したもの（これを固定資産税収の合計と呼ぶ）について結果をまとめたものは，表8-2に示されている。

シナリオ1の結果について見てみよう。1人当たり歳出総額の予測値は，2030年度は751市町村の平均で45万8603円，45年度は49万1719円となった。また，歳出総額の合計は，2030年度は42兆636億円，45年度は39兆1682億円となった。1人当たりの場合と異なり，歳出総額の合計では2045年度の方が30年度よりも値が小さくなる理由は，（歳出総額は1人当たり歳出総額に人口を掛けた値であるから）1人当たり歳出総額の増加率よりも将来推定人口の減少率の方が大きいためである。なお，1人当たり歳出総額の平均は，各市町村の値の単純平均であるため，その値に将来推定人口の合計を掛けても，表8-2にある歳出総額の合計とはならないことに注意されたい。

そして，市街地面積当たり固定資産税の予測値は，2030年度には751市町

表8-2 シミュレーション結果

シナリオ	年度	1人当たり歳出総額の平均 (円/人)	市街地面積当たり固定資産税の平均 (円/ha)	歳出総額の合計 (億円)	固定資産税収の合計 (億円)
1	2030	458,603	1,320,873	420,636	58,948
	2045	491,719	1,046,198	391,682	47,231
2	2030	448,962	1,366,320	417,234	61,040
	2045	466,156	1,157,391	384,593	52,403
3	2030	439,166	1,547,527	413,791	69,135
	2045	455,984	1,310,889	381,780	59,353

出所：筆者作成。

村の平均で132万873円，45年度は104万6198円となった。また，固定資産税収の合計は，2030年度は5兆8948億円，45年度は4兆7231億円となった。

シナリオ2の結果について見てみよう。1人当たり歳出総額の平均は，2030年度は44万8962円，45年度は46万6156円となり，それぞれシナリオ1よりも低い値となっている。市街地面積当たり固定資産税の平均についても，2030年度と45年度の両方でシナリオ1よりも高い値となっている。

最後に，シナリオ3の結果について見てみよう。1人当たり歳出総額の平均と歳出総額の合計は，ともに2030年度および45年度でシナリオ1と2よりも低い値となった。市街地面積当たり固定資産税と固定資産税収の合計についても，2030年度および45年度でシナリオ1と2よりも高い値となった。

6. 都市のコンパクト化推進政策の財政改善効果

現在と同程度のコンパクト度を維持する政策①と，現状よりも10%コンパクト度を上昇（NSDを低下）させる政策②の2030年度および45年度の歳出と歳入に与える効果を，分析対象の751市町について合計したものが図8-2である。前節のシミュレーション結果には，人口減少や65歳以上人口割合の上昇による直接効果も含まれているが，それらの影響は3つのシナリオで共通である。そして，シナリオ1は，将来のNSDを自然に任せたケースであり，シナリオ2とシナリオ3は，そこに政策を想定したものである。したがって，シナ

図 8-2 都市のコンパクト化推進政策の効果

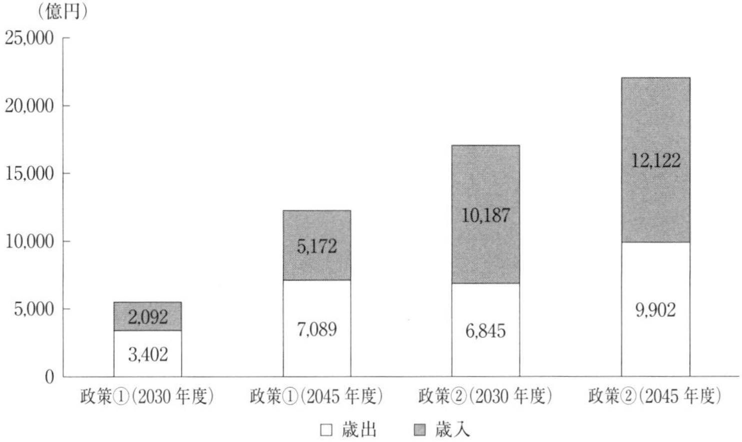

(億円)

政策①(2030年度)	政策①(2045年度)	政策②(2030年度)	政策②(2045年度)
歳入 2,092	5,172	10,187	12,122
歳出 3,402	7,089	6,845	9,902

□ 歳出　■ 歳入

出所：筆者作成。

リオ間の差は，都市のコンパクト化を推進するそれぞれの政策の効果といえる。

2030年度の政策①の歳出総額の増加を抑える効果は（表8-1のシナリオ1における歳出総額の合計42兆636億円からシナリオ2の同41兆7234億円を除いた）3402億円，固定資産税の減収を抑える効果は2092億円となり，歳出と歳入をあわせた財政改善効果は5494億円となった。さらに，2045年度には歳出面で7089億円，歳入面で5172億円となり，合計の財政改善効果は1兆2261億円である。コンパクト化を推進する政策は，歳出および歳入の両面から効果を生み出すということが図8-2からもわかる。

さらに強力に都市のコンパクト化を推進する政策②では，歳出と歳入をあわせて2030年度に1兆7032億円，45年度に2兆2024億円という効果が算出された。人口減少と高齢化は防ぎようがないが，都市のコンパクト化推進はその影響を大きく緩和できる政策であるといえよう。

第8章　人口減少に伴う非コンパクト化　163

7. インプリケーション
——人口減少に伴う財政悪化とコンパクト化の評価

　本章では，都市のコンパクト度と1人当たり歳出総額および市街地面積当たり固定資産税の関係を分析し，今後の人口減少と高齢化の下で，コンパクト化推進政策が市町村の歳出と歳入の両面に与える影響を算出した。その結果，都市のコンパクト化推進政策について，将来における人口減少と高齢化の影響を考慮した上で，政策を実施しなかった場合との比較で財政改善効果を明らかにした。なお，その際の財政改善効果は，歳出と歳入の両面について算出している。

　シミュレーションは，第1章と第2章の分析で得られた係数と，2030年度および45年度の市町村別の将来推計人口を用いて，3つのシナリオを想定して将来の市町村財政について行った。それらは，都市のコンパクト化が進まず人口減少に伴って非コンパクト化が進むケース（シナリオ1），現在と同程度のコンパクト度を維持するケース（シナリオ2），都市のコンパクト度が現状よりも10％上昇するケース（シナリオ3）である。各シナリオの下での2030年度および45年度の歳出総額と固定資産税収を算出した。そして，シナリオ1と2の差を，非コンパクト化を抑止し現在と同程度のコンパクト度を維持する政策（政策①）の効果，シナリオ1と3の差を現状よりもコンパクトな都市にする政策（政策②）の効果として算出した。

　シミュレーションの結果，シナリオ2の場合には，シナリオ1と比べて歳出と歳入の両面から合計で2030年度に5494億円，45年度に1兆2261億円の財政改善効果が見込めることが示された。これが，現在と同程度のコンパクト度を維持する政策（政策①）の市町村財政へ与える効果である。さらに都市のコンパクト化を推進した政策（政策②）の効果は2030年度に1兆7032億円，45年度に2兆24億円となる。このことから，強力に都市のコンパクト化を推進する政策には，人口減少と高齢化による財政悪化を緩和させる効果があるといえるだろう。

　＊　本章は，竹本ほか（2019b）をベースに，大幅に加筆・修正したものである。

参考資料
国立社会保障・人口問題研究所(2023)「日本の将来推計人口」

終章

コンパクトな都市への転換

　日本の少子化，高齢化の傾向はとどまるところを知らず，国立社会保障・人口問題研究所が取りまとめた「日本の将来推計人口」では，中位推計においても人口は約半世紀後の2070年には9000万人を下回り，65歳以上人口割合（高齢化率）も40％近くの水準に達すると見込まれる。2023年の合計特殊出生率は1.20と低下傾向にあり，さらなる合併が進まない限り，それぞれの市町村の将来人口は減少を続けることになる。その結果，第8章で示されたように，人口減少を通じた非コンパクト化によって，市町村の歳入額の多くを占める固定資産税収（1人当たり）は減少し，逆に歳出額（1人当たり）は増加する可能性が高い。第3章および第4章で示されたように，その歳出増加効果は，公共交通の維持費や，医療・介護費などにも及び，多面的に財政は悪化していく。

　視点を変えてみれば，この財政悪化の問題は，コンパクト化政策を行うことで，緩和することが可能となる。持続可能な市町村財政を確保し，住民に行政サービスを安定的に提供し続けるという視点からも，人口減少の下でもコンパクト度を確保できるような効率的な都市の空間経営を推進していくことが，それぞれの市町村に求められている。

　序章において述べたように，都市のコンパクト度を高める上で先進的な取り組みが行われている一方で，人口規模が小さい地方圏を中心に，人口が減少する中でコンパクト度も低下し，将来の財政の持続可能性を確保することが困難になりつつある自治体が多く見られる。そうした自治体においては，とくに人

図終-1 カシニワ制度のしくみ

土地情報 物件情報
土地や物件を貸したい
所有者

団体情報
土地や物件を活用したい
活動団体

支援情報
カシニワ活動を応援したい
支援者

①情報登録 ②応募 ③マッチング
ができるプラットフォーム
カシニワ情報バンク

所有者 × 活動団体
カシニワ活動協定書を締結

活動団体 × 支援者
活動団体へ物資等を支援

出典：千葉県柏市（2024）「カシニワ制度　カシニワをさがす　しくみ」
https://www.city.kashiwa.lg.jp/kashiniwa/sagasu/index.html

口減少に対応した都市構造の再構築を図り，コンパクトな都市への転換をめざしていくことが必要である。

　そのための方策としては，本書で明らかにしたように，土地利用規制や市町村合併が考えられる。もちろん，この政策の実施には，住民の居住に制約を課すという側面があり，短期的には不人気な政策となる。また，コンパクト化を推進した結果，都市の郊外では，住民が移動した後の住宅や公共施設の跡地をどのように活用していくかという問題が生ずる。こうした場合には，コンパク

ト化に向けた対策も減殺され，地方自治体が空き家の除却や空き地の管理などによる追加の経費の支出を余儀なくされるおそれがある。

　序章で述べた市町村で行われている事例としては，千葉県柏市が進めている「カシニワ制度」と呼ばれる低未利用地の有効利用の制度がある。これは，図終-1に示されているように，空き地や空き家を市民団体等による地域コミュニティ等の活動の場として利用することを，市がサポートする制度である。また，本来は住宅地として利用されるべき市街化区域であっても，その場所が郊外にあり，農地が多く存在し空き家や空き地が見られる場所では，用途地域の見直しや生産緑地の追加指定を行い，体験農園や市民農園，あるいは地元野菜を販売する「路地裏マルシェ」としての利用を進めている。

　また，都市のコンパクト化を進めていく過程で，第7章からもわかるように，コロナのような感染症が発生した場合は，密となることを促進するコンパクト化政策は短期的には好まれない。しかし，コロナ終息後には地価は戻る方向にあることから，長い目で見て重要なことは，コンパクト度の維持がもたらす長期的な効果を粘り強く説明し，都市構造としてのコンパクト化をめざすことである。そのためには，コンパクト化を実現する方策を常に採り続けることも重要である。そのような努力が，財政の持続可能性の確保につながっていくのである。

おわりに

　コンパクトなまちづくりは，2000年代の初期に国交省によって提唱されたものの[1]，その成果は目に見えるほどには上がっていないことに加え，むしろ，人口減少によってスプロール化が進展している。
　これまでの都市の歴史は，居住の費用の高い都市の中心から比較的費用の安い郊外に市街地を拡大させていくものであった。都市の中心に人口を集めるコンパクト化はそのサイクルを逆回転させるものであり，その実現は必ずしも容易なことではない。
　しかも，人口減少のスピードが高まった結果，街なかでも空き家や空き地が目立つ「スポンジ化」と呼ばれる現象が見られるようになり，市街地の人口密度が低くなってきた。そのような人口密度の低い市街地を行政サービスがカバーするようになったため，1人当たりの行政費用が増加することとなり，財政運営の維持可能性の観点から重大な懸念が生ずることになった。
　また，地方の中小都市が直面する人口減少は，少子高齢化による自然減ばかりでなく，地方から大都市への人口流出による社会減が大きく作用している。この結果，それらの都市では人口減少による財政への影響は大きく，都市としての存続に関わる深刻な問題となっている。コンパクトなまちづくりは，まさにこうした地方都市の危機を救うための切り札といえる政策である。
　こうした危機感から，本プロジェクトは，2018年に始まり，毎年の学会で研究成果を発表してきた。そして，初出一覧にあるように，合計9本の論文を学会誌などに発表してきている。「はじめに」で整理したように，コンパクト化を実現するための方策としての要因分析から，コンパクト化の価値を評価するための効果分析まで，全体像をあぶりだそうと，多面的な分析に取り組んだ。
　データによる分析ばかりではなく，実際に立地適正化計画を策定してコンパクト化に取り組んでいる地方自治体にも足を運び，どのような点に力を入れて取り組み，どのような点で課題を抱えているかを中心に現場での実態を知るための聞き取り等の調査を行った。
　こうした分析や調査から浮かび上がった課題は，都市のコンパクト化に関す

る取り組みをただ漫然と推進するのではなく，実際にそれぞれの都市がどの程度コンパクトな都市になっているのか，そしてコンパクト化に向かっているのかどうかを評価するための客観的な指標の構築が欠かせないということである。これがなければ，現実の都市のコンパクト化がどの程度のものか，コンパクト化に向かっているのかそうでないのかも把握できず，コンパクト化によってもたらされる財政の持続可能性への効果がどの程度のものか，あるいはどのような取り組みがコンパクト化に効果的であるのかを的確に評価し，検証することもできない。コンパクト化の指標は，都市のコンパクト化を推進する政策におけるまさに羅針盤の役割を担うものである。

そのコンパクト化の指標として，私たちは本書の中で「NSD」指標を提案した。この指標は，都市の中心部に人口がどの程度集中しているのかを示す「近接性」と集中化した市街地の中で人口がどの程度の厚みを持っているかを示す「密度」の要素を兼ね備えるものであり，近年とくに深刻な問題となっているそれぞれの都市での人口減少の実態を踏まえた指標である。

本書をまとめている時点で，2023年に財務省からコンパクト化が進んでいないことを指摘された国土交通省においても，PDCAの観点から，コンパクト化の指標についての検討がなされている[2]。これも，本プロジェクトにおけるNSD指標と同じ問題意識を背景に検討されているものと推察される。

本プロジェクトで構築したNSD指標は，今後，日本の各地でコンパクト化の議論を行う際には，これらの国の指標とともに，欠かせないものの1つになるであろう。

このたび，この一連の研究がまとまり，書籍として刊行することができた。多くの方に，その研究成果を見ていただき，さらには，それを通じてコンパクト化の意義が確認され，コンパクト化実現に向けた動きが加速することになれば，幸いである。

本書の執筆にあたっては，各章のベースとなる論文を執筆する段階で多くの方にお世話になった。まず，学会において，討論者・座長ほかとして，赤木博文先生（名城大学），石田三成先生（東洋大学），井田知也先生（近畿大学），今橋隆先生（元法政大学），太田和博先生（専修大学），川勝健志先生（京都府立大学），河上哲先生（近畿大学），川崎一泰先生（中央大学），川瀬晃弘先生（東洋

大学），小林航先生（亜細亜大学），下山朗先生（大阪経済大学），菅原宏太先生（京都産業大学），鷲見英司先生（日本大学），関口駿輔先生（東京国際大学），橘洋介先生（広島修道大学），田中宏樹先生（同志社大学），中澤克佳先生（中央大学），中東雅樹先生（新潟大学），花井清人先生（成城大学），宮下量久先生（拓殖大学），森裕之先生（立命館大学），諸富徹先生（京都大学），山内康弘先生（近畿大学），横山彰先生（日本社会事業大学）の皆さまからコメントをいただいた。また，各章のベースとなる論文を投稿した際には，匿名のレフェリーからも多くのコメントをいただいた。さらに，独立行政法人経済産業研究所には，ベースとなる論文を研究プロジェクトの成果として RIETI Discussion Paper Series で公表する機会をいただいた。なお，出版にあたっては，有斐閣の柴田守氏にお世話になった。これまで5年間にわたって研究してきた成果を体系的にまとめ，出版する機会を与えていただいた。これらのすべての方に，心から感謝したい。

最後に，各章のベースとなった研究論文および，この書籍の執筆においては，JSPS 科研費基盤研究(B)15H03361，JSPS 科研費基盤研究(C)16K03614，JSPS 科研費基盤研究(B)20H01450，JSPS 科研費基盤研究(C)21K01528 の科研費からの研究助成を受けた。ここに記して感謝したい。

　　2024 年 12 月

著者一同

注
1　2014 年には都市のコンパクト化を促進する立地適正化計画制度が創設されている。
2　「立地適正化計画の実効性の向上に向けたあり方検討会」
　https://www.mlit.go.jp/toshi/city_plan/toshi_city_plan_tk_000100.html

初 出 一 覧

本書の各章は，以下の初出論文をベースに，必要に応じてデータをアップデイトして，大幅に加筆・修正したものである。

序章　コンパクトな都市と財政――コンパクト化の捉え方
書き下ろし

第1章　自治体の歳出への影響――コンパクト化は財政支出を減らすのか？
竹本亨・赤井伸郎・沓澤隆司（2019）「コンパクトシティが自治体財政に与える影響」『日本地方財政学会研究叢書』第26号，pp. 87-104，2019年3月，日本地方財政学会

第2章　自治体の歳入への影響――コンパクト化は固定資産税収（地価）を増やすのか？
沓澤隆司・竹本亨・赤井伸郎（2023）「都市のコンパクト度が地価に与える影響の実証分析」『財政研究』第16巻，pp. 190-212，2020年12月，日本財政学会

竹本亨・沓澤隆司・赤井伸郎（2020）「都市のコンパクト化が市町村の歳出と歳入に与える影響」『公共選択』第74号，pp. 48-66，2020年9月，公共選択学会

第3章　住民の移動距離・時間への影響――コンパクト化は歩行・自転車・公共交通の利用を増やすのか？
沓澤隆司・赤井伸郎・竹本亨（2022）「都市のコンパクト度と住民の移動距離や移動時間に関する分析」『交通学研究』第65号，pp. 75-82，2022年3月，日本交通学会

第4章　住民の健康への影響――コンパクト化は介護・医療費を減らすのか？
沓澤隆司・赤井伸郎・竹本亨（2023）「コンパクトシティが健康に与える影響の分析」『会計検査研究』第67巻，pp. 31-52，2023年3月，会計検査院

第5章　土地利用規制の影響——市街化区域の設定でコンパクト化は進むのか？

沓澤隆司・赤井伸郎・竹本亨（2018）「都市のコンパクト化に対する土地の利用規制の影響」『計画行政』第41巻第4号，pp. 38-46，2018年11月，日本計画行政学会

第6章　市町村合併の影響——較差の大きな合併でコンパクト化は進むのか？

沓澤隆司・竹本亨・赤井伸郎（2020）「市町村合併が都市のコンパクト化に与える影響——標準距離を用いたパネル分析」『日本地方財政学会研究叢書』第27号，pp. 87-114，2020年3月，日本地方財政学会

第7章　感染症とコンパクトな都市の魅力——COVID-19への脅威は空間構造を変えたのか？

竹本亨・沓澤隆司・赤井伸郎（2023）「COVID-19による地価下落はどのように回復しているのか？——2019～23年の全国の公示地価による実証分析」日本財政学会第80回大会報告論文，2023年10月

第8章　人口減少に伴う非コンパクト化——コンパクト度の維持はどれほど財政を改善させるのか？

竹本亨・赤井伸郎・沓澤隆司（2019）「人口減少による都市の非コンパクト化と財政悪化——『基準化された標準距離』によるシミュレーション分析」『財政研究』第15巻，pp. 163-180，2019年10月，日本財政学会

終章　コンパクトな都市への転換

書き下ろし

参考文献一覧

赤井伸郎・深澤映司・竹本亨（2008a）「人口減少と少子高齢化が地方財政収支に与える影響の分析」日本地方財政学会第16回大会報告論文

赤井伸郎・深澤映司・竹本亨（2008b）「将来の人口要因が地方財政に与える影響——人口減少，少子高齢化，一極集中の視点から」日本財政学会第65回大会報告論文

井田知也・小野宏（2020）「コンパクトシティが及ぼす地方財政への影響——都市スプロール弾力性の市町村別推計」『公共選択』No. 74, 26-47

上野賢一（2023）「新型コロナウイルス感染症が都市に及ぼした影響と今後の見通し」『経済経営研究』44（2），日本政策投資銀行設備投資研究所

大城純男（2015）「地域間人口分配による『平成の大合併』の効果分析——北海道と愛知県の場合」『中京大学経済学論叢』No. 26, 69-90

小野宏・井田知也（2017）「都市スプロールが地方自治体の歳出入項目に及ぼす影響——都市構造の代理変数の検討とそれに基づく相関分析」『大分大学経済論集』68（5-6），31-60

川崎一泰（2009）「コンパクト・シティの効率性——小地域データを用いた実証分析」『財政研究』5, 236-253

河野喬・吉田大樹・房野真也・三木由美子・山﨑昌廣（2016）「高齢者の健康と運動習慣の関係」『社会情報学研究』21, 43-49

北村嘉行・上野和彦・石田典行（1980）「秦野市の都市化地域に与えた都市計画法の影響」『地理学評論』53（7），463-474

沓澤隆司（2015）「コンパクトシティが都市財政に与える影響」『住宅土地経済』No. 98, 28-35

沓澤隆司（2016）「コンパクトシティが都市財政に与える影響——標準距離による検証」『都市住宅学』95, 142-150

沓澤隆司・赤井伸郎・竹本亨（2018）「都市のコンパクト化に対する土地の利用規制の影響」『計画行政』41（4），38-46

沓澤隆司・赤井伸郎・竹本亨（2022a）「都市のコンパクト度と住民の移動距離や移動時間に関する分析」『交通学研究』No. 65, 75-82

沓澤隆司・赤井伸郎・竹本亨（2022b）「COVID-19の感染状況と被害が地価に与える影響の実証分析」『財政研究』18, 126-148

沓澤隆司・赤井伸郎・竹本亨（2023）「コンパクトシティが健康に与える影響の分析」『会計検査研究』67, 31-52

沓澤隆司・竹本亨・赤井伸郎（2020）「市町村合併が都市のコンパクト化に与える影響——標準距離を用いたパネル分析」『日本地方財政学会研究叢書』No. 27, 87-114

沓澤隆司・竹本亨・赤井伸郎（2023）「都市のコンパクト度が地価に与える影響の実証分析」『財政研究』16, 190-212

沓澤隆司・山鹿久木・水谷徳子・大竹文雄（2007）「犯罪発生の地域的要因と地価への影響

に関する分析」『日本経済研究』No. 56, 70-91
小池司朗・山内昌和（2015）「『平成の大合併』前後における旧市町村の人口変化の人口学的分析」『人口問題研究』71（3），201-215
小池司朗・山内昌和（2016）「『平成の大合併』前後における旧市町村別の自然増減と社会増減の変化——東北地方と中国地方の比較分析」『地学雑誌』125（4），457-474
小松広明（2006）「都市のコンパクト性に着目した都市間比較分析」『不動産研究』48（3），40-50
鈴木雅智・新井優太・清水千弘（2021）「COVID-19 第一波前後に生じた潜在的な住宅選好の測定——首都圏の新築・中古住宅に対する資料請求の分析」『都市計画論文集』56（3），649-656
鈴木雅智・武藤祥郎（2022）「COVID-19 パンデミックによる既存住宅取引量の傾向変化——東京圏における所有権移転登記データを用いた分析」『都市計画論文集』57（2），320-328
関口駿輔（2012）「歳出と歳入を同時に考慮した最適コンパクト度の推定」『計画行政』35（3），28-36
竹本亨・赤井伸郎・沓澤隆司（2019a）「コンパクトシティが自治体財政に与える影響」『日本地方財政学会研究叢書』No. 26, 87-104
竹本亨・赤井伸郎・沓澤隆司（2019b）「人口減少による都市の非コンパクト化と財政悪化——『基準化された標準距離』によるシミュレーション分析」『財政研究』15, 163-180
竹本亨・沓澤隆司・赤井伸郎（2020）「都市のコンパクト化が市町村の歳出と歳入に与える影響」『公共選択』No. 74, 48-66
竹本亨・沓澤隆司・赤井伸郎（2023）「COVID-19 による地価下落はどのように回復しているのか？——2019～23 年の全国の公示地価による実証分析」日本財政学会第 80 回大会報告論文
竹本亨・高橋広雅・鈴木明宏（2004）「地方自治体における規模の経済の検証」『山形大学人文学部研究年報』1, 159-173
竹本亨・高橋広雅・鈴木明宏（2005）「市町村合併による歳出効率化と地方交付税削減——合併に関する意思決定を考慮した政策シミュレーション」『経済研究』56（4），317-330
谷口守・松中亮治・中井祥太（2006）「健康まちづくりのための地区別歩行喚起特性——実測調査と住宅地タイプ別居住者歩行量の推定」『地域学研究』36（3），589-601
内閣府（2018）「要介護（要支援）認定率の地域差要因に関する分析」（政策課題分析シリーズ 15）内閣府　経済財政政策　経済財政分析担当　https://www5.cao.go.jp/keizai3/2018/09seisakukadai15-0.pdf
中井英雄（1988）『現代財政負担の数量分析——国・地方を通じた財政負担問題』有斐閣
中村匡克（2014）「市町村における行政サービスごとの効率的な規模——市町村の規模と権限の範囲についての再検討」『高崎経済大学論集』57（1），67-76
西垣泰幸・山下直人・西山俊一（2024）「コンパクトシティと都市の財政負担に関する計量分析」西垣泰幸編著『コンパクトシティの経済分析』日本経済評論社，75-103
畠山輝雄（2013）「合併後の市町村における周辺部の過疎化の検証」『地理誌叢』54（2），16-25

林正義（2002）「地方自治体の最小効率規模——地方公共サービスの供給における規模の経済と混雑効果」『フィナンシャル・レビュー』No. 61, 59-89

原田博夫・川崎一泰（2000）「地方自治体の歳出構造分析」『日本経済政策学会年報』48, 191-199

平井公雄（1970）「大都市圏における土地利用の方向」『農業土木学会誌』38（8），545-550

三浦英俊（2015）「緯度経度を用いた3つの距離計算方法」『オペレーションズ・リサーチ』60（12），701-705

美谷薫（2007）「『平成の大合併』後の市町村における地域行政体制——岡山県における市町村の組織機構と地域自治組織の動向を事例として」栗島英明ほか『「平成の大合併」に伴う市町村行財政の変化と対応に関する地理学的研究』（（財）国土地理協会平成18年度学術研究助成研究成果報告書）

森克美・李廷秀・浅見泰司・樋野公宏・渡辺悦子（2017）「地域の物理的環境と移動に伴う歩行時間との関連」『厚生の指標』64（6），1-8

森本章倫（2011）「都市のコンパクト化が財政及び環境に与える影響に関する研究」『都市計画論文集』46（3），739-744

安山信雄・柏谷増男・溝端光雄（1979）「松山市における郊外化と交通問題」『地域学研究』10, 1-19

山鹿久木・中川雅之・齋藤誠（2002）「地震危険度と地価形成——東京都の事例」『応用地域学研究』No. 7, 51-62

湯川創太郎（2009）「都市構造の変容と公共交通——地方都市の郊外化と通勤・通学交通」『交通学研究』52, 151-160

Albouy, D. and B. Lue (2015) "Driving to opportunity: Local rents, wages, commuting, and sub-metropolitan quality of life," *Journal of Urban Economics*, 89, 74-92.

Alonso, W. (1964) *Location and Land Use: Toward a General Theory of Land Rent*, Harvard University Press.

Başkan, A. H., E. Zorba, and A. Bayrakdar (2017) "Impact of the population density on quality of life," *Journal of Human Sciences*, 14 (1), 506-518.

Cheshire, P., C. Hilber, and O. Schöni (2021) "The Pandemic and the housing market: A British story," Centre of Economic Performance, LSE.

Combes, P.-P., G. Duranton, and L. Gobillon (2018) "The cost of agglomeration: House and land prices in French cities," *The Review of Economic Studies*, 86 (4), 1556-1589.

Delventhal, M. J., M. E. Kwon, and A. Parkhomenko (2022) "How do cities change when we work from home?" *Journal of Urban Economics*, 127.

Duranton, G. and D. Puga (2020) "The economics of urban density," *Journal of Economic Perspectives*, 34 (3), 3-26
https://www.aeaweb.org/articles?id=10.1257/jep. 34. 3. 3

Fujita, M. and J. F. Thisse (2013) *Economics of Agglomeration: Cities, Industrial Location, and Globalization*, 2nd ed., Cambridge University Press.

Haigh, F., H. N. Chok, and P. Harris (2011) "Housing density and health: A review of the

literature and health impact assessment," Centre for Primary Care and Equity, The University of New South Wales.
https://hiaconnect.edu.au/wp-content/uploads/2013/04/housing_density_HIA_review1.pdf

Kato, M., A. Goto, T. Tanaka, S. Sasaki, A. Igata, and M. Noda (2013) "Effects of walking on medical cost: A quantitative evaluation by simulation focusing on diabetes," *Journal of Diabetes Investigation*, 4 (6), 667-672.

Liu, S. and Y. Su (2021), "The impact of the COVID-19 Pandemic on the demand for density: Evidence from the U. S. housing market," *Economics Letters*, 207.

Mills, E. S. (1972) *Urban Economics*, Scott, Foresman.

Muth, R. F. (1969) *Cities and Housing: The Spatial Patterns of Urban Residential Land Use*, University of Chicago Press.

Nakamura, K. and M. Tahira (2008) "Distribution of population density and the cost of local public services: The case of Japanese municipalities," Working Paper No. 231, Faculty of Economics, University of Toyama.

Nakaya, T, K. Honjo, T. Hanibuchi, A. Ikeda, H. Iso, M. Inoue, N. Sawada, S. Tsugane, and the Japan Public Health Center-based Prospective Study Group (2014) "Associations of all-cause mortality with census-based neighbourhood deprivation and population density in Japan: A multilevel survival analysis," *PLOS ONE*, 9 (6).

OECD (2012) *Compact Cities Policies: A Comparative Assessment*, OECD Publishing.

Ramani, A. and N. Bloom (2021) "The donut effect of COVID-19 on cities," Working Paper 28876, National Bureau of Economic Research.

Rosen, S. (1974) "Hedonic prices and implicit markets: Product differentiation in pure competition," *Journal of Political Economy*, 82 (1), 34-55.

Sakar, C., C. Webster, and J. Gallacher (2017) "Association between adiposity outcomes and residential density: A full-data, cross-sectional analysis of 419562 UK Biomark adult participants," *The Lancet Planetary Health*, 1, 277-288.

Stevenson, M., J. Thompson, T. Herick de Sa, R. Ewing, D. Mohan, R. McClure, I. Roberts, G. Tiwai, B. Giles-Corti, X. Sun, M. Wallace, and J. Woodstock (2016) "Land-use, transport, and population health: Estimating the health benefits of compact cities," *The Lancet*, 388 (10062), 2925-2935.

Terzi, F. and H. S. Kaya (2008) "Analyzing urban sprawl patterns through fractal geometry: The case of Istanbul metropolitan area," UCL Working Papers 144.
https://discovery.ucl.ac.uk/id/eprint/15200/1/15200.pdf

Tsuji, I., K. Takahashi, Y. Nishino, T. Ohkubo, S. Kuriyama, Y. Watanabe, Y. Anzai, Y. Tsubono, and S. Hisamichi (2003) "Impact of walking upon medical care expenditure in Japan: The Ohsaki cohort study," *International Journal of Epidemiology*, 32 (5), 809-814.

索　引

◇ アルファベット

Breusch and Pagan 検定　133
CBD　→中心業務地域
CO_2 排出量　54, 64
COVID-19　→新型コロナウイルス感染症
DID　→人口集中地区
F 検定　133
Hausman 検定　83, 133
NSD　→基準化された標準距離
SD　→標準距離

◇ あ 行

空き地　169, 171
空き家　12, 13, 169, 171
アメニティ　35, 36, 71
歩いて暮らせるまち　68
移動距離　v, 4, 52, 53, 55, 57-62, 64, 68-70, 72, 78, 79
移動時間　v, 52, 53, 57-64, 70, 141
医療費　vi, 68-78, 81, 86, 87
衛生費　iv, 18, 23-28
エネルギー消費量　64

◇ か 行

介護福祉施設定員　79, 83
介護保険　69, 71, 72
介護保険事業報告　76
介護保健施設定員　79, 83
較差型（合併のタイプ）　vii, 106, 110, 114-118, 120, 123, 125, 128, 130
カシニワ　168, 169
可住地面積　40, 99, 144, 145, 148
過小変数バイアス　33
合併特例債　107, 112, 113, 120
間接効果　53, 58

感染者数　139, 141, 154
基準化された標準距離（NSD）　iv-vii, 5-13, 18, 21-28, 30, 32, 35-47, 52, 55, 58-61, 64, 68-70, 73-87, 92, 96, 98-104, 106, 107, 109-111, 114, 116, 118-120, 125, 128, 130, 132, 144, 145, 148, 153, 158-160, 162, 172
基準地域メッシュ　14
基礎自治体　i, iv, v, 18, 19, 22, 28-30, 53, 64, 99
規模の経済性　i, 19, 129
教育費　iv, 18, 23-28
行政サービス集約化　110
行政サービス水準　35
居住誘導地域　12
距離比率　39, 40, 47
近接性　ii, viii, 2, 4, 6, 21, 31, 32, 34, 35, 53, 54, 138, 140, 172
空間経営　ii, v, ix, 29, 30, 167
公共交通　iii, v-vii, 8-10, 13, 49, 52-55, 57-61, 64, 68, 70, 71, 74, 78, 83, 92, 97, 102, 167
公共施設　3, 31, 53, 87, 93, 112, 113, 168
交付税措置　112
高齢化率　→65 歳以上人口割合
国民健康保険　vi, 68-71, 74-76, 81, 85-87
個体効果　38, 75, 98, 111, 144
固定効果モデル　83, 98
固定資産税　31, 32, 36, 40-43
固定資産税収　iv, viii, 30-32, 35-37, 40, 43, 48, 49, 155, 156, 161-164, 167
混雑効果　21, 32
コンパクト化推進政策　159, 162-164
コンパクトシティ　ii, iv-vi, viii, 1-3, 10, 12, 18, 19, 30, 32, 52, 68-70, 72, 76, 113, 138, 156

180

◇ さ 行

歳出総額　iv, 18, 21-25, 27, 28, 36, 40, 128, 129, 159-164
最小効率規模　19, 27
財政改善効果　iii, viii, ix, 155, 157, 163, 164
財政の持続可能性　i, ii, ix, 14, 167, 169, 172
産業別就業者割合　98, 99
市街化可能面積　vii, 92, 96-104
市街化区域　vii, 4, 12, 15, 42, 54, 92-97, 99, 104, 105, 169
市街化調整区域　15, 42, 93, 97, 99
市街地面積　6, 7, 35-37, 40, 43, 48, 156, 161, 162, 164
自家用車利用率　54, 98, 99, 101-104
時間効果　38, 75, 98, 111
持続可能な市町村財政　167
市町村合併　iii, vi, vii, 8, 13, 75, 106-111, 114-117, 120, 123, 125, 128-131, 168
——の特例に関する法律　107
市町村別決算状況調　23, 40
脂肪過多　71, 72, 76
シミュレーション　viii, 22, 155-162, 164
社会生活基本調査　79
15歳未満人口割合　22-24, 37, 41, 112, 114, 160
集積の経済　34
酒類消費数量　79, 81
小学校費　iv, 18, 23, 26-28
消防費　iv, 18, 23-25, 27, 28
将来推計人口　i, 156, 158, 160, 164, 167
新型コロナウイルス感染症（COVID-19）　iii, viii, 138-143, 151, 153, 154
人口重心　3, 4, 6-8, 14
人口集中地区（DID）　1, 2, 98
人口密度　1-7, 20, 21, 32-35, 53, 54, 70-72, 140, 144, 171
スプロール　93, 96, 171
スポーツ社会活動時間　79, 81, 83

政令指定都市　22, 37, 42, 43, 160
全国都市パーソントリップ調査　54, 70
線引き　12-15, 93, 96, 97, 105
総合支所　115, 130-132

◇ た 行

地域別将来推計人口　156
地価公示　38, 41, 141, 144, 145
地表面距離　3, 14
地方圏　167
中核市　22-25, 37, 42, 160
中学校費　iv, 18, 23, 26-28
昼間流出者割合　78, 79, 81
中心業務地域（CBD）　33, 107
中心市街地の活性化に関する法律　113
昼夜間人口比率　22, 23, 37, 38, 41-43, 58, 114, 160
直接効果　53, 57, 58, 163
定住自立圏　112, 113, 120
低未利用地　169
同時性　98, 102
同等型（合併のタイプ）　110, 114-118, 120, 123, 124, 128, 130
道路橋りょう費　23, 26, 28
特例市　42
都市計画　93, 94, 104, 113
都市計画区域　42, 93, 96, 99
都市計画法　93, 95, 96, 104
土地利用規制　iii, vi, vii, 92, 94, 96, 105, 168
都道府県地価調査　38, 41
土木費　iv, 18, 23-28
トリップ　59

◇ な 行

農業振興地域の整備に関する法律　97, 99
農用地区域　97, 99

◇ は 行

パネルデータ分析　81

索引　181

非コンパクト化　　iii, viii, 7, 10, 155-159, 164, 167
標準距離（SD）　2-4, 6, 8, 28, 39, 40, 107, 109, 111-121, 123, 124, 127, 128, 130, 131, 158, 159
標準地域メッシュ　14
不動産価格指数　33
分庁舎　115, 130, 132
ヘドニック分析　33
変量効果モデル　83
本庁舎　114, 115, 130-132

◇ ま 行

密度の経済性　i
メッシュ　2-4, 14, 18

メッシュデータ　22, 42, 99
目的別歳出　iv, 18, 23-28
モータリゼーション　95, 97

◇ や 行

夜間人口　3
要介護認定率　vi, 68-71, 73-83, 86, 87
容積率　viii, 42, 138, 139, 141, 143-154

◇ ら 行

立地適正化計画　105, 113, 171
旅行速度　99, 100
65歳以上人口割合（高齢比率）　i, 22-24, 37, 41, 42, 69, 79, 81, 83, 98, 99, 100, 102, 104, 112, 160, 162, 167

都市における空間経営の財政学
──コンパクトシティがもたらす持続可能な自治体運営
Public Finance of Urban Spatial Management

2025 年 2 月 20 日 初版第 1 刷発行

著　者	赤井伸郎，沓澤隆司，竹本　亨
発行者	江草貞治
発行所	株式会社有斐閣
	〒101-0051 東京都千代田区神田神保町 2-17
	https://www.yuhikaku.co.jp/
印　刷	大日本法令印刷株式会社
製　本	大口製本印刷株式会社
装丁印刷	株式会社亨有堂印刷所

落丁・乱丁本はお取替えいたします。定価はカバーに表示してあります。
©2025, N. Akai, R. Kutsuzawa, and T. Takemoto.
Printed in Japan. ISBN 978-4-641-16640-0

本書のコピー，スキャン，デジタル化等の無断複製は著作権法上での例外を除き禁じられています。本書を代行業者等の第三者に依頼してスキャンやデジタル化することは，たとえ個人や家庭内の利用でも著作権法違反です。

[JCOPY]　本書の無断複写（コピー）は，著作権法上での例外を除き，禁じられています。複写される場合は，そのつど事前に，（一社）出版者著作権管理機構（電話03-5244-5088，FAX 03-5244-5089，e-mail:info@jcopy.or.jp）の許諾を得てください。